Deutsch als Fremdsprache

Deutsch B2
Sprachbausteine und Satzbau
(mit Lösungen)

50 Arbeitsblätter für Lernende und Lehrende

Frauke Rüffel

Bibliografische Information der Deutschen Nationalbibliothek:
Die Deutsche Nationalbibliothek verzeichnet diese Publikation in der Deutschen Nationalbibliografie;
detaillierte bibliografische Daten sind im Internet über http://dnb.dnb.de abrufbar.

Herstellung und Verlag: BoD – Books on Demand, Norderstedt

ISBN: 978-3-752607-45-1

VORWORT

Liebe Lernende,

Sprachbausteine kennen Sie als einen Aufgabentyp, bei dem einzelne Wörter in einen Text eingefügt werden müssen. Jedes dieser Wörter hat nicht nur eine Wortbedeutung und grammatische Eigenschaften, sondern auch eine bestimmte Stellung und Funktion im Satz. Daher ist es wichtig, den Gebrauch der Wörter auf verschiedene Weise zu trainieren.

Die Arbeitsblätter bieten Ihnen die Möglichkeit, sowohl Sprachbausteine als auch den Bau eines deutschen Satzes beim Schreiben zu üben.

Auch Arbeitsblätter mit Übungen zur Textverarbeitung auf Sprachniveau B2, die eine korrekte Verwendung der Wörter einschließen, die oft als Sprachbausteine fungieren, gehören zur Arbeitsblattsammlung, da das Schreiben eines halbformellen Briefes ein wichtiger Bestandteil allgemeinsprachlicher B2-Prüfungen ist.

Die Arbeitsblätter dienen nicht der Wissensvermittlung, sondern ausschließlich der Anwendung bereits erlernter Sprachkompetenzen.

Liebe Lehrende,

Arbeitsblätter sind ein erprobtes Lernmittel, mit dem die Kursteilnehmenden im und außerhalb des Unterrichts arbeiten können.

Die vorliegende Arbeitsblattsammlung, die den allgemeinen Sprachgebrauch rund um das Thema Sprachbausteine trainiert, lässt sich optimal in den Lehr-Lern-Prozess integrieren.

Die Sammlung enthält Übungs- und Anwendungsaufgaben mit reproduktiven und produktiven Aufgabenelementen, die bereits erlerntes Sprachwissen anhand verschiedener Wiederholungsmöglichkeiten sichern und Formulierungsaufgaben, die eine bestimmte sprachliche Form auf B2-Niveau erfordern.

Effektiv ist der Einsatz eines Arbeitsblattes auch als Lernerfolgskontrolle, mit deren Hilfe individuelle Probleme im Sprachgebrauch eines Kursteilnehmers oder einer Kursteilnehmerin aufgedeckt werden können. Außerhalb des Deutschkurses können die Arbeitsblätter als Hausaufgabe eingesetzt werden, um einerseits einen Lernprozess, der im Unterricht begonnen wurde, nicht zu unterbrechen und andererseits das autonome Sprachtraining der Lernenden zu fördern.

Viel Spaß und Erfolg beim Einsatz der Arbeitsblätter wünscht allen Lernenden und Lehrenden

Frauke Ruffel

INHALTSVERZEICHNIS

SPRACHBAUSTEINE

SATZBAU

SCHREIBEN

LÖSUNGEN UND LÖSUNGSVORSCHLÄGE

SPRACHBAUSTEINE

AB 1 SPRACHBAUSTEINE: Präpositionen im Genitiv © FR

Ergänzen Sie eine passende Präposition im Genitiv.

Eine Hamburger Bäckerei musste _____ mehrerer Hygieneprobleme in der letzten Woche geschlossen werden.

_____ seines Todes ließ der alte Mann einen Notar kommen und schrieb sein Testament.

Frau Müller, wir müssen uns _____ der Planung der monatlichen Besprechung noch abstimmen.

_____ der Eröffnung des neuen Freizeitparks findet ein großes Familienfest mit Künstlern und Schaustellern statt.

_____ eines schweren Unfalls wurde Herr Schneider arbeitsunfähig und kann nicht mehr arbeiten.

_____ der schlechten wirtschaftlichen Lage sind viele Unternehmen mit Neueinstellungen zurückhaltend.

_____ einer Grafik erklärte der Lehrer die Unterschiede der Lebensqualität der Menschen in verschiedenen Großstädten.

_____ einer guten Vorbereitung auf die Sprachprüfung, konnte er sie nicht bestehen.

_____ vieler Mängel im Hotel möchte ich mich beim Reiseveranstalter beschweren.

Es ist traurig, dass viele Menschen in Deutschland _____ der Armutsgrenze leben müssen

Kann ich deine Familie _____ meines Aufenthalts in deiner Heimatstadt besuchen?

_____ Ihres Antrages auf Sonderurlaub gibt es Probleme, Herr Mohadi.

Ich glaube, dass man _____ der Fünfzig das Leben gelassener nimmt.

Frau Schuster, _____ Ihrer Weiterbildung hätte ich noch einige Fragen. Bitte kommen Sie doch in mein Büro.

_____ der Arbeitszeit ist das private Surfen im Internet untersagt.

Ich habe gehört, dass es _____ des Firmenjubiläums ein großes Betriebsfest geben soll.

_____ seiner Alkoholsucht wurde er entlassen.

AB 2 SPRACHBAUSTEINE: **Präpositionen im Genitiv** © FR
Ergänzen Sie eine passende Präposition im Genitiv.
_____ des Weihnachtfestes findet eine Feier im Festsaal statt.
_____ der Organisation des Weihnachtsfestes gibt es noch viele Fragen zu klären.
Viele Menschen konnten _____ der Pandemie ihre Verwandten nicht an den Weihnachtstagen besuchen, um sie nicht zu gefährden.
Die Weihnachtsfeier der Kollegen findet in diesem Jahr _____ der Arbeitszeit statt.
Die Mutter erklärt ihrem Sohn die Weihnachtsfeiertage _____ eines Kalenders.
_____ des Weihnachtsfestes wurde viel gegessen, getrunken und getanzt.
_____ des festlich geschmückten Raumes kam keine Weihnachtsstimmung auf.
Der Weihnachtsmarkt findet in diesem Jahr _____ des Stadtzentrums statt.
Herr Simmen, ich lade Sie _____ der Eröffnung des Weihnachtsmarktes zu einem Glühwein ein.
Früher hat es _____ der Weihnachtszeit nach Pfefferkuchen und Bratäpfeln geduftet.
Nicht selten kommt es _____ der Familie zu Zank und Streit, weil die Verwandten das Weihnachtsfest gemeinsam feiern und viel Zeit zusammen verbringen. _____ verschiedener Meinungen und Einstellungen kommt es zu Konflikten.
_____ des starken Schneefalls planten sie einen Weihnachtsspaziergang.
_____ der Zubereitung der Weihnachtsgans hatte mein Mann viele Ideen, aber keine wurde berücksichtigt.
_____ der langen Schlangen vor den Geschäften verschiebe ich meine Weihnachtseinkäufe. _____ des Einkaufsstresses im Einkaufszentrum entscheide ich mich vielleicht dafür, im Internet Geschenke zu bestellen.
_____ vieler Weihnachtsgeschenke war das Kind traurig.

AB 3 SPRACHBAUSTEINE: **Präpositionen** © FR

Ergänzen Sie passende Präpositionen.

Mohammad freut sich seit langer Zeit _____ den Kauf seines neuen Autos.

Imad kümmert sich jeden Tag _____ seine Familie.

Gulistan nahm den Geruch _____ Zwiebeln wahr.

Gheorghe hat ein großes Wissen _____ medizinische Massagen.

Pegah hat einen Mangel _____ Schlaf, da sie auf dem Konzert war.

John fehlen die Voraussetzungen _____ eine Arbeit als Arzt.

Ghida hat Angst _____ dem großen Hund, weil er die Zähne fletscht.

Sium freute sich heute Morgen _____ den Schnee vor ihrem Haus.

Hussam ist stolz _____ seine Nationalität.

Shahab träumt _____ einem erfüllten Leben als Musikerin.

Sergej ist seit vielen Jahren abhängig _____ Zigaretten.

Alina ist _____ das neue Naturschutzprojekt verantwortlich.

Alyass ist _____ den Arbeitsbedingungen in seinem Betrieb zufrieden.

Ali hat vergessen, _____ den Brief des Jobcenters zu antworten.

Osayi fragte die Therapeutin _____ einem freien Termin für die Physiotherapie.

Kire freut sich _____ das Treffen mit seinen Arbeitskollegen am nächsten Freitag.

Simona legt Wert _____ ein gepflegtes Äußeres, denn es sagt viel über einen Menschen aus.

Svetlana wirkte _____ den Lehrer ängstlich und zurückhaltend.

Roman wollte sich im nächsten Frühjahr _____ dem Marathon beteiligen, den seine Schule organisiert.

Ergänzen Sie passende Präpositionen.

Der Mitarbeiter hatte große Angst _____ der neuen Maschine, da er nur wenig Arbeitserfahrung hatte.

Ich danke dir _____ die Hilfe bei meinem Umzug.

Im Kurs zeigte Jamal großes Interesse _____ der Politik.

Sein Sohn interessiert sich _____ klassische Musik.

Seit vielen Wochen freute sie sich _____ seinen Besuch.

Bist du eigentlich stolz _____ deinen Schulabschluss?

Mustafa hat zum Geburtstag ein Geschenk bekommen, _____ das er sich sehr gefreut hat.

Es ist traurig, dass der kleine Junge sich nicht mehr _____ seine Eltern erinnert.

Die Teilnehmer dieses Kurses sollten sich gut _____ die Abschlussprüfung vorbereiten.

Eigentlich ist es die Aufgabe der Eltern, sich _____ die Hausaufgaben ihrer Kinder zu kümmern.

Auf dem Elternabend redeten die Eltern _____ der Lehrerin _____ die Klassenfahrt nach Berlin.

Frau Mustermann lebt getrennt _____ ihrem Mann.

Die meisten Flüchtlinge haben Sehnsucht _____ ihrem Heimatland.

Solange er denken kann, träumte er _____ einem eigenen Haus, in dem er mit seiner Familie wohnen kann.

Der Abteilungsleiter ist _____ den Umsatz seiner Abteilung zuständig.

Beim Arzt fragt der Patient _____ einem Termin für seine Operation.

Die Lehrkraft ist _____ die Organisation der B2-Prüfung verantwortlich.

Meine Frau benutzt ein starkes Parfüm, das _____ Veilchen duftet.

Seine Mutter ist im Supermarkt tätig und ist am Abend immer müde _____ ihrer Arbeit.

Maria hat ein großes Wissen _____ Meerestiere.

Ergänzen Sie passende Präpositionen.

_____ meiner Erkrankung werde ich heute arbeiten.

Mein Bruder möchte _____ des schlechten Wetters nicht _____ der Radtour teilnehmen.

Wenn Sie sich _____ der Aktion beteiligen wollen, müssen Sie dieses Formular ausfüllen.

Wir haben _____ Ihrer Mitarbeit in unserer Firma einige Bedenken, da Sie keine Berufserfahrungen vorweisen können.

Vielleicht schaffen wir _____ deiner Hilfe den Zug noch.

Natürlich hat sich der Kollege _____ die Kündigung geärgert, aber er ist ja selbst schuld _____ dieser Situation.

Wenn man krank ist, sollte man besonders _____ eine gesunde Ernährung achten.

_____ des Waldes fand die Polizei ein verletztes Wildschwein.

Sandra freute sich _____ ihr Geschenk, denn _____ eines Buches bekam sie ein Fahrrad geschenkt.

Die Entwicklung des Werkes wurde _____ einer Statistik verdeutlicht, sodass sich jeder Kollege ein Bild _____ der Lage des Unternehmens machen konnte.

Frau Grohne wollte heute _____ einer Flut von Kundenaufträgen Überstunden machen, sodass ihr Mann _____ die Kinder aufpassten musste.

Ich schlage vor, dass wir heute _____ der Firma essen.

Dieses Foto ist eine Erinnerung _____ meinen alten Chef, der vor einem Jahr verstorben ist.

Warum muss sich eigentlich alles _____ dich drehen?

Frau Schuster ist verantwortlich _____ die Akquise der Kunden.

Ich hätte nicht gedacht, dass man sich _____ deinen Freund verlassen kann.

Leider gibt es _____ meines Arbeitsteams Konflikte, deren Lösung mich _____ eine große Aufgabe stellt.

AB 6 SPRACHBAUSTEINE: **Präpositionen** © FR

Ergänzen Sie passende Präpositionen.

_____ seines sehr guten Schulabschlusses erhielt er auf seine Bewerbung eine Absage.

Vielleicht könnten wir ja _____ des Unterrichts _____ das Projekt sprechen und Ideen sammeln.

Jeder kann beobachten, dass sich unser Kommunikationsverhalten _____ der letzten Jahre stark verändert hat.

Die Mutter beschwerte sich, weil ihr Sohn sich nicht _____ der Hausarbeit beteiligt.

_____ seiner Initiative konnten wir das neue Projekt finanzieren.

Das Grundgesetz ist nur _____ Deutschlands gültig.

Wer kümmert sich eigentlich _____ eine Unterrichtsvertretung?

Die Kollegen waren sehr neugierig _____ den neuen Mitarbeiter.

Wenn man einen Beruf wählt, sollte man auch die Frage _____ Zukunftsperspektiven berücksichtigen.

Niemand behauptet, dass die Suche _____ einem neuen Arbeitsplatz einfach ist.

Ich glaube, dass er ein gutes Verhältnis _____ seinem Chef hat.

Der Gedanke _____ meine Zukunft macht mir Sorgen.

Glücklicherweise wurde seine Bitte _____ Versetzung vom Außendienst in den Innendienst erfüllt.

Diese Sportart ist nur _____ junge Menschen geeignet, da sie die Knochen stark belastet.

Die Umfrage ergab, dass das Personal eigentlich sehr zufrieden _____ den Arbeitsbedingungen ist.

Der Vorgesetzte konnte seinen Mitarbeiter nicht _____ dem neuen Arbeitszeitmodell überzeugen.

Wir haben von diesem Kunden eine Bitte _____ Informationen bekommen.

Seit vielen Jahren begeistert sich meine Nachbarin _____ die Gartenarbeit.

Ergänzen Sie passende Präpositionen.

Viele Menschen engagieren sich _____ Flüchtlinge.
Frau Schuster ärgert sich _____ ihren Chef, da er ihre Arbeit oft kritisiert.
Wenn Sie Erfahrungen _____ Kindern haben, können Sie ein Praktikum im Kindergarten absolvieren.
Die Studentin freut sich _____ ihr Studium, das im nächsten Monat beginnen soll.
Die ausländischen Gäste gehören _____ den Teilnehmern der Konferenz.
Der ausgebildete Mechaniker freut sich _____ seinen neuen Arbeitsvertrag, den er heute unterschrieben hat.
Es ist schade, dass sich mein Nachbar nicht _____ mir unterhalten möchte.
Da ich mich _____ Fotografie interessiere, besuche ich einen Kurs an der Volkshochschule.
Auf der Baustelle unterhalten sich die Kollegen _____ den Arbeitsschutz.
In dem neuen Buch des polnischen Autors geht es _____ die politische Situation in seinem Land.
Bitte informieren Sie sich _____ die aktuelle Wetterlage, damit Sie die passende Kleidung für Ihren Ausflug einpacken.
Der gelernte Bäcker denkt _____ einen Berufswechsel nach, da er sein Hobby zum Beruf machen möchte.
Bei der Renovierung des Badezimmers hat sich seine Frau _____ schwarze Fliesen entschieden, weil sie helle Räume mag.
Um die B2-Prüfung zu bestehen, muss man sich gut _____ sie vorbereiten.
Warum hast du dich nicht _____ deinen Freunden verabschiedet?
Nachdem Maria ihr Lehrerstudium beendet hatte, bewarb sie sich _____ eine Stelle als Lehrerin an einer Grundschule.

AB 8 SPRACHBAUSTEINE: Präpositionen © FR

Ergänzen Sie passende Präpositionen.

Es war nicht einfach für das Kind, sich _____ seine Heimat zu erinnern.

Seit langer Zeit träumt John _____ einem Urlaub mit seiner ganzen Familie.

Leider ist erst Montag! Freut ihr euch _____ das Wochenende?

Der Chef der Firma hat den Kollegen _____ ihrem Erfolg gratuliert.

In seiner Freizeit beschäftigt er sich gern _____ Malerei.

Für deine Gesundheit ist es besser, wenn du _____ Alkohol verzichtest.

Bevor ich einschlafe, muss ich immer _____ meine Verwandten in der Heimat denken.

Musst du immer _____ deinem Bruder _____ das Geld streiten?

Damit wir unsere Webseiten selbst erstellen können, werden wir _____ einem Computerkurs teilnehmen.

Der Betriebsrat trifft sich heute, um _____ den geplanten Streik zu diskutieren.

_____ der Besprechung fragte der Kollege _____ einer Gehaltserhöhung.

Wer interessiert sich eigentlich _____ diese Weiterbildung?

Die Mitarbeiter der Lebensmittelbranche können _____ einer Fortbildung im Ausland teilnehmen, wenn Sie englisch sprechen.

_____ einem leckeren Essen gab es auch noch kleine Geschenke zum Betriebsjubiläum.

Torsten würde sich eigentlich gern _____ eine Stelle als Betriebsleiter bewerben, aber er hat Angst _____ dieser Herausforderung.

Ich helfe dir _____ deiner Bewerbung und du hilfst mir _____ deiner Muskelkraft beim Umzug . Einverstanden?

Er hat vergeblich _____ einem Job in Erfurt gesucht.

Ergänzen Sie zweiteilige Konnektoren.

*nicht nur …sondern auch / einerseits …andererseits /
entweder … oder / zwar …aber/ weder … noch/ je …desto /
sowohl … als auch*

1. Mein Kollege möchte ⬚ gern nach Russland fliegen, ⬚ er hat große Angst vorm Fliegen.

2. Die neuen Unterrichtszeiten gefallen leider ⬚ den Lehrkräften ⬚ den Teilnehmern.

3. ⬚ möchte ich weiterhin in dieser Firma arbeiten, weil sie meine Arbeit gut bezahlt, ⬚ würde mich eine neue Arbeitsaufgabe reizen.

4. Ich möchte während meiner Geschäftsreise ⬚ Erfahrungen mit anderen Geschäftsleuten austauschen, ⬚ neue Kunden gewinnen.

5. ⬚ länger ich in diesem Unternehmen arbeite, ⬚ freundschaftlicher werden die Beziehungen zu meinen Kollegen.

6. Wenn es nach ihm ginge, würde er ⬚ studieren ⬚ einen Job suchen.

7. Um den Umsatz zu steigern, müssen wir ⬚ neue Kollegen einstellen ⬚ und moderne Maschinen kaufen.

8. Ich bin ⬚ gern im Versand tätig, ⬚ eine Arbeit in der Personalabteilung gefällt mir auch.

9. ⬚ stressiger meine Arbeit ist, ⬚ wichtiger ist meine Entspannung am Wochenende.

10. Ich kümmere mich im Lager ⬚ um die Einlagerung der Ware ⬚ um den Transport der Ware zu den Großkunden. Beides gleichzeitig schaffe ich nicht.

Suchen Sie das passende Verb zum Nomen.

finden treffen nehmen stehen zeigen erregen spielen haben wissen
kommen ziehen fassen setzen tragen sammeln versetzen
begehen bewahren beachten liegen erwerben

Interesse		eine Rolle	
Aufmerksamkeit		Rücksicht	
zur Kenntnis		Eindrücke	
in Anspruch		Beachtung	
zur Folge		sich in Acht	
zur Verfügung		in Frage	
in Kauf		in Betracht	
einen Fehler		auf der Hand	
Fähigkeiten		Wissen	
den Arbeitsschutz		eine Entscheidung	
einen Entschluss		eine Vereinbarung	
aufs Spiel		Bilanz	
Verantwortung		Bescheid	
Erfahrungen		Kompetenzen	
mit dem Gedanken		in Aufregung	
Vorschriften		Mitgefühl	
in Unruhe		ein Geheimnis	

Ergänzen Sie das Partizip in der korrekten Form.

festhalten

Der auf dem Foto festgehaltene Augenblick ist eine meiner schönsten Erinnerungen.

spielen

Das _____ Lied im Radio ist mein Lieblingslied.

Kauf doch für die _____ Kinder vor deinem Haus ein Eis, Marta!

essen

Inmitten des Kinderzimmers saß das _____ Kind.

Die _____ Suppe hat wirklich fantastisch geschmeckt.

arbeiten

Viele Wähler meinten, dass die Politiker mehr für die _____ Bevölkerung tun müsste.

Der Chef vergütete die _____ Zeit außerhalb der regulären Arbeitszeit mit einer Sonderzahlung.

trinken

Die _____ Katze wedelte zufrieden mit dem Schwanz.

Vielleicht kommen deine Bauchschmerzen von der _____ Milch.

bezahlen

Die _____ Rechnungen wurden im Computer gespeichert.

recherchieren

Seine _____ Informationen verwendete er in seiner Facharbeit, die er während seiner Ausbildung schreiben musste.

Vor den Computern sitzen _____ Jugendliche, um die neusten Filme zu finden, die man streamen kann.

operieren

Der _____ Arzt ist heute Dr. Meisner.

Es ist erfreulich, dass es dem _____ Patienten wieder besser geht.

ausführen

Der Therapeut beobachtete die _____ Bewegungen seines Patienten.

Die Bundesregierung ist in Deutschland die _____ Gewalt.

Ergänzen Sie passende Modalpartikel. Verwenden Sie jedes Wort nur einmal.

eben eigentlich aber wohl vielleicht
doch denn bloß ruhig

Beispielsätze	Bedeutung
Du kannst gut Deutsch sprechen.	bewundernd, überrascht
Er kann doch Deutsch sprechen.	abwertend, herunterspielend
Du kannst gut Deutsch sprechen. Bitte übersetze den Text!	wissend; erinnernd (Es ist allen bekannt.)
Du kannst Deutsch sprechen, wir verstehen dich.	ermunternd, ermutigend
Du sprichst ein Deutsch! Wir verstehen dich nicht.	verärgert
Wo hast du Deutsch gelernt?	interessiert
Er spricht ein paar deutsche Worte.	vermutend
Er spricht kein Deutsch.	resignierend
Sprichst du Deutsch?	Themawechsel, ohne unfreundlich zu sein

AB 13 SPRACHBAUSTEINE: Passiv

© FR

Ergänzen Sie die Verbformen im Satz. Benutzen Sie das Passiv und Passiversatzformen. Achten Sie auf die Zeitform des Verbs im Satz.

Aktiv: Leider schließt der Arzt seine Hausarztpraxis am Monatsende. (Präsens)

Passiv: Leider <u>wird</u> die Hausarztpraxis des Arztes am Monatsende <u>geschlossen</u>.

Der Chor hat traditionelle Lieder gesungen.

Traditionelle Lieder   vom Chor   .

Diese Demonstration verstieß nicht gegen das Gesetz.

Gegen das Gesetz   nicht   .

Deine Bewerbung hat das Unternehmen abgelehnt.

Deine Bewerbung   vom Unternehmen   .

Ich installiere das Programm ohne Probleme auf meinem Computer.

Das Programm   von mir problemlos auf meinem Computer   .

Das Programm   problemlos auf meinem Computer   . (sein + zu + Infinitiv)

Das Programm   sich problemlos auf meinem Computer installieren. (sich lassen + Infinitiv)

Das Programm   problemlos auf meinem Computer   . (sein + -bar)

Aufgrund der Pandemie unterbrach die Sprachschule den Sprachunterricht für einige Wochen.

Aufgrund der Pandemie   der Sprachunterricht für einige Wochen   .

Die Teilnehmer bearbeiteten die Prüfungsfragen innerhalb einer bestimmten Zeit.

Die Prüfungsaufgaben   innerhalb der 90 Minuten   .

Die Prüfungsaufgaben   innerhalb der 90 Minuten   . (sein + zu + Infinitiv)

Die Prüfungsaufgaben   sich innerhalb der 90 Minuten   . (sich lassen + Infinitiv)

Die Prüfungsaufgaben   innerhalb der 90 Minuten   . (sein + -bar)

Ergänzen Sie die fehlende Wortart.

Verb	Nomen	Verb	Nomen
schützen			die Veränderung
bestellen			der Verstand
tendieren			der Widerspruch
ausstellen			die Verbreitung
sich ereignen			die Erstellung
folgen			die Vorstellung
diskutieren			der Verzicht
ignorieren			der Erhalt
verleihen			die Verständigung
umstellen			der Transport
ansteigen			die Produktion
vorschlagen			die Sorge
sichern			die Stabilisierung
dokumentieren			der Handel
vernetzen			das Mitleid
kommunizieren			die Recherche
behaupten			der Beschluss
beleidigen			die Trauer
bilden			die Gutschrift
senken			die Förderung
konsumieren			der Erwerb
bitten			die Entwicklung
leiten			die Regierung
bearbeiten			das Gebet
kämpfen			die Spende
verpflegen			die Erarbeitung
respektieren			die Warnung
verschlechtern			die Verbesserung
erwärmen			die Befriedigung
enttäuschen			die Belehrung
lagern			der Versand
motivieren			die Mahnung
leisten			der Betrieb
organisieren			der Bestand
aktivieren			der Vergleich

Ergänzen Sie passende Verben.

Das Computerprogramm lässt sich einfach nicht reparieren. Es ist **zum aus der Haut** _____ .

Heute Abend will mein Kollege, der eine Beziehung mit unserer Sekretärin hat, **reinen Tisch** _____ .

Du kannst die Tat nicht deinem Freund **in die Schuhe** _____ . Er hat das auf keinen Fall verdient.

Wir treffen uns heute Abend bei einem Glas Wein und dann kannst du dir alles **von der Seele** _____ .

Du brauchst doch **kein schlechtes Gewissen** _____ , wenn du deinen Arbeitgeber wechseln möchtest.

Mein Chef kann es nicht leiden, wenn man ihm **über den Mund** _____ .

Mach ihm das Entschuldigen nicht so schwer. Du solltest ihm **eine Brücke** _____ .

Natürlich wollte der Vorstandsvorsitzende seinen Fehler nicht zugeben, da er **sein Gesicht** _____ will.

Die Untersuchung beim Arzt _____ er **auf die lange Bank**, obwohl er Schmerzen hat.

Es _____ doch **auf der Hand**, dass der neue Kollege nicht am ersten Arbeitstag alle Arbeitsabläufe verstehen kann.

Der Kollege meinte, dass er nicht **auf zwei Hochzeiten** gleichzeitig _____ kann.

Meine Frau _____ total **aus dem Häuschen**, als sie von meiner Gehaltserhöhung erfuhr.

Der Chef und seine Sekretärin _____ sich mehrmals pro Woche **in die Haare**.

Mein Chef wurde zwar laut, aber man weiß doch, dass **bellende Hunde nicht** _____ .

Mir _____ **das Herz in die Hose**, wenn ich an die Höhe des Baugerüstes denke.

Seit er die Kündigung erhalten hat, _____ er **auf der Straße**.

Wenn ich manchmal **kurz angebunden** _____ , dann liegt das nicht an dir, sondern an dem Stress.

Ergänzen Sie Negationswörter.

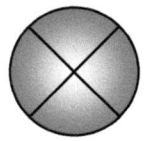

**nie/niemals
nirgendwo/ nirgends
keinesfalls/ keineswegs
niemand
nichts**

Ich möchte _____ in der Finanzbranche arbeiten, weil ich dafür nicht geeignet bin.

Für dieses Hobby brauchen Sie _____ Erfahrung, sondern lediglich viel Interesse, um es auszuprobieren.

Meine Tochter studiert _____ Naturwissenschaften, da sie sich nur für Technik und Forschung interessiert.

Damals hat _____ dem Unternehmen geholfen, als es in Schwierigkeiten steckte.

Ich möchte _____ für meine Hilfe, denn wir sind doch Freunde.

Seit vielen Wochen suche ich ein Ersatzteil für mein altes Auto, aber leider gibt es _____ ein passendes Angebot.

Mein beruflicher Erfolg hat an meiner Lebenseinstellung _____ geändert.
Der Wunsch, Neues zu lernen hat _____ abgenommen.

Als ich nachts den Park durchquerte, war _____ unterwegs.

Der Kollege wollte _____ mit seiner neuen Frisur auffallen, aber seiner Frau konnte er einfach _____ abschlagen und deshalb akzeptierte er den Friseurbesuch.

Der Chef legte mir ans Herz, es solle _____ außerhalb des Unternehmens von unserer Idee erfahren, damit sie zu unserem Vorteil genutzt werden könne.

Eigentlich wollte Herr Schneider _____ eine leitende Position in der Firma begleiten, aber inzwischen kann er dem Reiz, die Karriereleiter weiter hinaufzuklettern, _____ widerstehen.

Es wird wahrscheinlich _____ passieren, dass ich von meinem Vorgesetzten gelobt werde.

Ergänzen Sie Präpositionaladverbien.

dadurch davon dafür
darin dazu damit
darüber daran darauf

Die B2-Prüfung zeichnet sich ▩▩▩▩▩ aus, dass sie den Sprachgebrauch auf B2- Sprachniveau nach dem GER testet.

Die Faszination beim Wingsuit-Fliegen besteht vermutlich ▩▩▩▩▩, einerseits die absolute Freiheit zu genießen, aber andererseits sich auch an alle Abläufe zu halten, die notwendig sind, um wieder sicher zu landen.

Deine Prüfungsergebnisse sind ein Beweis ▩▩▩▩▩, wie erfolgreich man sein kann, wenn man motiviert und fleißig ist.

Die Kritik meines Vorgesetzten bestand ▩▩▩▩▩, dass ich kein Engagement für Umweltprobleme gezeigt habe.

Der Chirurg rät ▩▩▩▩▩, die Operation schnellstmöglich durchzuführen.

Diese Liste gibt ▩▩▩▩▩ Auskunft, welchen Lernbedarf die Teilnehmer des Kurses haben.

Ob ich an der Weiterbildung teilnehme, hängt ▩▩▩▩▩ ab, wie ich sie finanzieren kann.

Sein großes Interesse an der Chinareise sieht man ▩▩▩▩▩, dass er Chinesisch lernt und viele Reiseführer liest.

Mein Großvater erzählte oft ▩▩▩▩▩, wie er im Krieg verletzt wurde.

In der Besprechung sprachen wir ▩▩▩▩▩, wie wir den Umsatz der Firma steigern können.

Angespannt warten die Kollegen ▩▩▩▩▩, die neuen Maschinen testen zu können.

Er prahlte ▩▩▩▩▩, sehr viel Geld in der neuen Firma zu verdienen.

Der Betriebsrat erinnerte die Mitarbeiter ▩▩▩▩▩, Vorschläge für Fortbildungen einzureichen.

Der Reiseveranstalter überraschte die Urlauber ▩▩▩▩▩, dass er eine Willkommensparty organisierte.

1. Ergänzen Sie die Präpositionen.

von über mit

auf für nach

zu an bei um gegenüber

abhängig		befreundet	
verärgert		entscheidend	
bekannt		neugierig	
bereit		enttäuscht	
fähig		unzufrieden	
interessiert		wütend	
beteiligt		beunruhigt	
gespannt		geeignet	
einverstanden		müde	
beschäftigt		glücklich	
fertig		gut	
begeistert		beeindruckt	
froh		wichtig	
dankbar		schuld	
erschüttert		verrückt	
verliebt		böse	
besorgt		berühmt	
angenehm		frei	
traurig		hilfreich	
reich		schädlich	
arm		typisch	
verwandt		verheiratet	
stolz		misstrauisch	
ungerecht		verantwortlich	

2. Welche Präpositionen benötigen den Akkusativ und welche den Dativ?

AB 19 SPRACHBAUSTEINE: **Verben** (Wortbedeutung)

Entscheiden Sie, welches Verb passt.

hoffe/ erhoffe

Aufgrund meiner guten Qualifikationen _____ ich mir attraktive Jobangebote.

antworten/ beantworten

Der Fahrlehrer konnte nicht auf jede Frage _____, die ihm während des Unterrichts gestellt wurde.

bearbeiten/ arbeiten/ verarbeiten

Die Mitarbeiterin kann innerhalb ihrer Arbeitszeit an dem neuen Projekt _____.

Ich würde mich freuen, wenn Sie zeitnah meine Beschwerde _____.

In seiner Freizeit will mein Bruder Naturmaterialien mit dem Schnitzmesser _____.

Mein Bruder braucht viel Zeit, um die Niederlage zu _____.

wirken/ bewirken/ auswirken

Deine Bewerbung muss professionell _____.

Diese neue Therapie kann sich positiv auf seine Beweglichkeit _____.

Die neue Medizin soll eine schnelle Genesung der Patienten _____.

anregen/ aufregen

Durch Einnahme der Tabletten kann man die Verdauung der Speisen _____.

Wer sich über das Verhalten der Politiker _____ möchte, hat heute Abend bei unserem Treffen dazu Gelegenheit.

denken/ bedenken

Man sollte _____, dass die Anschaffung neuer Büromöbel hohe Kosten verursacht.

Am Abend muss ich immer an die Schönheit meiner Heimat _____.

Man kann _____, was man will, denn das ist ein Grundrecht in unserer Verfassung.

Ergänzen Sie die Stammformen des Verbs.

Infinitiv	Präteritum	3.P., Sgl., Perfekt
installieren	installierte	installiert
	renovierte	
präsentieren		
		strukturiert
dekorieren		
	reklamierte	
		kommuniziert
	stornierte	
investieren		
	demonstrierte	
abonnieren		
	engagierte	
produzieren		
		lackiert
	aktivierte	
reagieren		
		montiert
amtieren		
	konzentrierte	
deklinieren		
		ruiniert
kalkulieren		
	orientierte	
korrigieren		
		kassiert
dokumentieren		
	konjugierte	
		musiziert
respektieren		
		kombiniert
exportieren		
		funktioniert

Ergänzen Sie ein passendes Verb aus AB 20 (Verben mit dem Suffix –ieren).

- einen Holzzaun
- viel Kraft und Zeit
- die Hotelbuchung
- sich im Gelände
- sich für Flüchtlinge
- ein Diktat
- ein Verb
- mit Freunden zusammen
- sich gegenseitig
- über eine Problemlösung
- versteckte Reserven
- Erzeugnisse aus Deutschland
- sich seinen Ruf
- deine Meinung
- auf die Kündigung des Arbeitgebers
- die Teile des Autos
- die Entwicklung des Kindes
- mit den Kollegen in der Pause
- verschiedene Farben
- eine Wochenzeitung
- ein Nomen
- den Mitgliedsbeitrag
- das kaputte Haushaltsgerät
- als Präsident
- sich auf die Prüfungsaufgaben
- für den Umweltschutz
- die Preise
- einen Geburtstagstisch
- einen YouTube-Kanal
- einen Aufsatz
- den Hausflur
- sich auf dem Arbeitsmarkt

Ergänzen Sie die fehlenden Wörter in den Spalten.

Verb	Nomen mit Artikel	Adjektiv
renovieren	*die Renovierung*	*renoviert*
strukturieren		
	die Dekoration	
	das Reklamieren	reklamiert
		kommunikationsfähig
stornieren		
		investierbar
		demonstrierend
exportieren		
	das Abonnement	
		produzierbar
aktivieren		
akzeptieren		
		reagierend
	die Montage	
		amtierend
konzentrieren		
		dekliniert
ruinieren		
	die Kalkulation	
		orientierungslos
korrigieren		
	das Kassieren, die Kasse	
		dokumentiert
konjugieren		
		musizierend
	der Respekt	
kombinieren		
		lackierbar
		funktionsfähig
	die Diskussion	
		engagiert

Finden Sie ein passendes Verb.

wahrnehmen tragen gewinnen treffen sein
erstellen tätigen erleben verzeichnen

- enttäuscht
- Verantwortung
- unschuldig
- viel Zeit
- einen Gewinn
- das Angebot
- eine Entscheidung
- wichtige Investitionen
- Abenteuer
- Verluste
- eine Rechnung
- ein Wunder
- eine Last
- noch mehr Kunden
- eine Inventarliste
- gewinnbringende Geschäfte
- gebildet
- die Klimaveränderung
- die Hölle auf Erden
- eine Schuld
- einen Zuwachs
- einen Termin
- ohne Perspektive
- Qualifizierungschancen
- Freunde
- ein Portfolio
- einen Rückgang der Unfalltoten
- die Unzufriedenheit der Mitarbeiter
- geeignet
- sein Vertrauen

Wählen Sie ein passendes Wort aus und füllen Sie die Textlücken.
Nicht alle Wörter finden Verwendung.

**WEIL EINES DIE UNTER AUSSERDEM DENN WURDE DAMIT SODASS
DEREN WORDEN VON JEDERMANN WEDER EINE KEINE WIRD UM**

Haben Sie als Kind musiziert?
Zu den ersten Spielzeuginstrumenten, die Kinder früher ausprobierten, gehörten die Trommel, die Triola oder die Mundharmonika. Die Mundharmonika war besonders beliebt, denn sie war klein, kostengünstig und unempfindlich. Man brauchte nur wenig Übung, _____ ein einfaches Liedchen spielen zu können.

Über dieses kleine Instrument gibt es interessante Geschichten, _____ aber nicht alle belegt sind. Angeblich soll 1820 der Instrumentenbauer Christian Friedrich Ludwig aus Friedrichroda in Thüringen die Mundharmonika als Arbeitsgerät zum Stimmen von Instrumenten erfunden haben.

Lange Zeit scheint die Mundharmonika keine besondere Rolle in der Musikszene gespielt zu haben, _____ es gab damals _____ spezielle Patente für die Mundharmonika noch Informationen über dieses Instrument in den deutschsprachigen Zeitungen aus der Zeit von 1800 bis 1824. Belegt ist aber, dass 1823 der Klingenthaler Geigenbauer und Musikalienhändler Johann Georg Meisel auf der Braunschweiger Messe eine Mundharmonika erwarb. _____ gibt es Dokumente darüber, dass ab 1825 Mundharmonikas in Wien verkauft wurden und sich zu einem Modeartikel etablierten. Im Jahr 1843 _____ eine Mundharmonikafabrik in Wien gegründet. Der Siegeszug der Mundharmonika war nicht mehr aufzuhalten, _____ der Instrumentenbau innerhalb kürzester Zeit sehr große Stückzahlen erreichte.

Heute ist die Mundharmonika _____ der meistgebauten Instrumente und genießt in der Musikszene eine hohe Popularität. _____ kennt den Soundtrack zu dem Film *Spiel mir das Lied vom Tod* und die Melodien auf der Mundharmonika von Michael Hirte. In der Volksmusik und im Blues ist der Mundharmonikaspieler heute oft der Star _____ den Musikern.

Ergänzen Sie passende Verbformen im Konjunktiv II.

sein haben werden gehen schreiben müssen können ⬇

Wir _____ eine Beschwerde schreiben sollen, da wir mit dem Verlauf der Reise sehr unzufrieden waren.

Wenn ich mich auf die Stelle beworben _____ , _____ ich heute auch einen Dienstwagen fahren.

Wenn der Patient zur Untersuchung gekommen _____ , _____ der Arzt eine gründliche Diagnose machen können.

Du vermittelst den Eindruck, als ob dir beruflicher Erfolg egal _____ .

Ach, _____ ich doch motiviert, Spanisch zu lernen!

Wenn ich ein Buch schreiben _____ , _____ ich es über meine Heimat.

_____ ich doch mehr Zeit zum Deutschlernen gehabt, dann _____ ich die B2-Prüfung nicht wiederholen.

Seine Freundin sieht so jung aus, als _____ sie noch zur Schule.

Ich habe das Gefühl, als ob mein Chef mir böse _____ .

Ein neues Auto _____ viele Vorteile, wir hätten mehr Platz für die Kinder und _____ mehr Lasten im Kofferraum transportieren.

Mein Kollege hatte das Gefühl, als _____ er von den anderen Kollegen gemobbt.

Wenn du Interesse am Segelfliegen _____ , _____ du in unseren Verein eintreten.

Ich _____ gern mein Hobby zum Beruf machen, wenn das möglich _____ .

Die Personalchefin sieht aus, als _____ ihr es nicht gut, denn sie ist ganz weiß im Gesicht.

Wenn mein Kollege freundlicher gewesen _____ , _____ ich ihm bei der Arbeit geholfen.

_____ du mir bitte Kopierpapier geben, damit ich die Bestellungen ausdrucken kann?

Wenn ich an der Weiterbildung teilgenommen _____ , _____ ich jetzt besser qualifiziert.

Mustafa _____ gern ein medizinisches Fachschulstudium absolvieren, wenn er die Sprachprüfung schafft.

Wenn Sie Ihre Bewerbungen früher geschrieben _____ , _____ ihre Chancen größer gewesen.

Wenn ich im Ausland studieren _____ , _____ ich nach Frankreich, weil ich das Land liebe.

SATZBAU

AB 26 SATZBAU: Modalsätze

1. Formulieren Sie die unterstrichenen Satzteile mithilfe eines Modalsatzes. Achten Sie bitte auf die Satzzeichen.

***Anstatt** eines Wörterbuches* benutzte er eine Übersetzungs-App. Er benutzte eine Übersetzungs-App, **anstatt** ein Wörterbuch zu benutzen.

Ohne das Absolvieren der Fahrschule fuhr er Auto.
Er fuhr Auto, **ohne dass**

Durch das Lesen des Buches kam ihm eine geniale Idee.
Ihm kam eine geniale Idee, **indem**

Dadurch, dass
kam ihm eine geniale Idee.

Ohne eine intensive Erforschung der Krankheit kann kein Impfstoff entwickelt werden.
Es kann kein Impfstoff entwickelt werden, **ohne dass**

2. Ergänzen Sie die Modalsätze.

ohne … zu
Er ging zur Prüfung,

ohne dass
Er ging zur Prüfung, **ohne dass**

indem
Er bestand die Prüfung, **indem**

dadurch, dass
Dadurch, dass
bestand er die Prüfung.

anstatt … zu
Er ging ohne Vorbereitung zur Prüfung, **anstatt**

anstatt dass
Anstatt dass   suchte er
stundenlang Informationen im Lexikon.

Beantworten Sie die „Wann?"- Fragen in einem Nebensatz mit „als".
Verwenden Sie die vorgegebenen Antworten.

0	*Frage: Wann hast du Deutsch gelernt?* *Antwort: Ich kam 2018 nach Deutschland.*
0	*Ich habe Deutsch gelernt, **als** ich 2018 nach Deutschland kam.*
0	***Als** ich 2018 nach Deutschland kam, habe ich Deutsch gelernt.*
1	**Frage:** Wann reagierte der Mitarbeiter verärgert? **Antwort:** Der Mitarbeiter wurde vom Chef kritisiert.
1	
1	
2	**Frage:** Wann konnte die Maschine repariert werden? **Antwort:** Der Reparaturservice kam endlich nach einer Woche.
2	
2	
3	**Frage:** Wann kam Jeff Bezos, dem Gründer von Amazon, die Idee zu einem Online-Buchhandel? **Antwort:** Er arbeitete bei einer Vermögensverwaltung in New York.
3	
3	
4	**Frage:** Wann hat sich Mustafa entschieden, seine Freizeit ohne Computerspiele zu verbringen? **Antwort:** Ihm waren die Gefahren einer Spielsucht bekannt.
4	
4	

Verbinden Sie bitte die Sätze mit der Konjunktion „als".

Der Tourist wollte ein Foto von der Kirche schießen. Es fing zu regnen an.
Als der Tourist ein Foto von der Kirche schießen wollte, fing es zu regnen an.
Es fing zu regnen an, als der Tourist ein Foto von der Kirche schießen wollte.

Die Zeremonie begann im Rathaus. Sein Bruder fehlte aufgrund der Zugverspätung.

Er verstieß gegen die Regeln. Er wurde für das nächste Fußballspiel gesperrt.

Der Polizist öffnete den Koffer und begutachtete die Ware. Ihm stieg ein beißender Geruch in die Nase.

Herr Schuster beklagte sich bei seinem Chef über Stress und Überlastung am Arbeitsplatz. Der Chef reagierte verärgert.

Frau Veltus hat die Leitung der Personalabteilung übernommen. Das Arbeitsklima veränderte sich positiv.

Verbinden Sie die Sätze.

0	*Meine Freundin studierte Erziehungswissenschaften. Sie machte ein Praktikum im Kindergarten.*
0	*Bevor meine Freundin Erziehungswissenschaften studierte, machte sie ein Praktikum im Kindergarten.*
0	*Meine Freundin machte ein Praktikum im Kindergarten, bevor sie studierte.*
1	Herr Muster möchte mit dem Vermieter sprechen. Er unterzeichnet den Mietvertrag für die Geschäftsräume.
1	
1	
2	Der Maler kann mit der Renovierung des Gebäudes beginnen. Die Möbel müssen ins Lager gebracht werden.
2	
2	
3	Die Familie kauft ein Eigenheim. Sie sollte die Vor- und Nachteile eines Hauskaufes abwägen.
3	
3	
4	Man startet ein Crowdfunding- Projekt. Man braucht eine gute Idee für ein Crowdfunding-Projekt.
4	
4	

Verbinden Sie bitte die Sätze.

0	*Er hatte über die Folgen seiner Kündigung nachgedacht. Er machte sich große Sorgen um seine Familie.*
0	*Nachdem er über die Folgen seiner Kündigung nachgedacht hatte, machte er sich große Sorgen um seine Familie.*
0	*Er machte sich große Sorgen um seine Familie, **nachdem** er über seine Kündigung nachgedacht hatte.*
1	Er hat den Angelschein erworben. Nun wird er eine Bootstour mit seinen Freunden machen.
1	
1	
2	Er hatte das Buch in seine Muttersprache übersetzt. Er schickte es an einen Verlag.
2	
2	
3	Die Ärztin schickte den Patienten zum Röntgen. Vorher hatte er ihr von seinen Rückenproblemen berichtet.
3	
3	
4	Der Meteorologe hatte minutenlang die Wetterereignisse der letzten Tage erklärt. Dann kommentierte er die aktuelle Wettersituation.
4	
4	

Verbinden Sie bitte die Sätze.

Die Frauen bereiteten in der Küche das Festessen zu. Die Männer transportierten Stühle und Tische in den Garten.

Während die Frauen das Festessen zubereiteten, transportierten die Männer Stühle und Tische in den Garten.

Die Männer transportierten Stühle und Tische in den Garten, **während** die Frauen das Festessen zubereiteten.

Die Untersuchungen sind noch nicht abgeschlossen. Wir führen die Operation nicht durch.

Thomas kümmert sich um die Versorgung der Gäste mit Getränken. Nina dekoriert die Tische mit frischen Blumengestecken.

Wir suchen nach dem Fehler im System. Du kochst bitte einen starken Kaffee.

Die Unfallstelle ist von der Polizei noch nicht freigegeben. Alle Fahrzeuge müssen die Umleitung durch die Stadt nehmen.

Ergänzen Sie den Nebensatz.

Vokabeln muss man lernen.

*Sie weiß, **dass** man Vokabeln lernen muss.*

Während der Pause hat er mit seinem Meister gesprochen.

Der Kollege hat beobachtet, dass

Nach der Pandemie können wir hoffentlich wieder mit Freunden unbeschwert feiern.

Ich freue mich darauf, dass

Wir könnten doch einen Ausflug auf die Wartburg nach Eisenach machen.

Bezüglich des Betriebsausfluges schlage ich vor, dass

Im Interesse einer Kundenzufriedenheit bemühen wir uns um eine schnelle Bearbeitung aller Kundenbeschwerden.

Es ist notwendig, dass

Wegen der Lieferverzögerung möchte der Kunde vom Kaufvertrag zurücktreten.

Ich habe gehört, dass

Für meine Bewerbung sollte ich meine Qualifikationen übersetzen und anerkennen lassen.

Mein Ausbilder sagt, dass

Vervollständigen Sie den Nebensatz.

Wenn die Sonne schein, (dann) tut das meiner Seele gut.

Ich verbessere meine Berufschancen, **wenn**

Meine Arbeitsleistung ist am besten, **wenn**

Ich schreibe eine Bewerbung, **wenn**

Wenn der Chef mich nach meiner Qualifikation fragt,

Wenn ich eine attraktive Arbeit in Deutschland finde,

Wenn ich einen Führerschein für meinen Job brauche,

Ich kann mir vorstellen, eine Weiterbildung zu absolvieren, **wenn**

Ich würde auf keinen Fall Überstunden akzeptieren, **wenn**

Wenn die Arbeit an manchen Tagen stressig ist,

Das Betriebsklima ist wohl in Ordnung, **wenn**

Beenden Sie die Kausalsätze.

Ich habe keine Zeit, <u>denn</u> ich absolviere gerade ein Fernstudium in meiner Freizeit.

Gestern war ich beim Betriebsarzt, **denn**

Sie fragte in der Buchhaltung nach, **denn**

Er verabredete sich mit der neuen Kollegin, **denn**

Der LKW musste vor der Lagerhalle entladen werden, **denn**

Die Kollegen waren zufrieden, **denn**

Sie diskutierten heftig über den Arbeitsschutz, **denn**

Sie kümmerten sich um einen Termin in der Personalabteilung, **denn**

Leider konnten wir den Computer heute nicht benutzen, **denn**

An der Weiterbildung kann ich leider nicht teilnehmen, **denn**

Bitte rufen Sie den Chef an, **denn**

Ich würde mich gern selbständig machen, **denn**

Leider muss ich mich beschweren, **denn**

**Verbinden Sie die Sätze, indem Sie die Konjunktion „denn"
benutzen.**

Am Montag fahre ich nach Dresden. Ich habe dort eine Fachkonferenz.

*Am Montag fahre ich nach Dresden, **denn** ich habe dort eine
Fachkonferenz.*

Der Kopierer ist wahrscheinlich kaputt. Der Kopierer druckt
fehlerhaft.

Auf der Baustelle findet man viele Hinweisschilder. Die Schilder
dienen dem Arbeitsschutz und sollen Unfälle vermeiden.

Die Ärztin kann den Patienten nicht operieren. Der Patient hat
reichlich gefrühstückt.

Die Autobahn wurde für viele Stunden gesperrt. Auf der
Autobahn gab es einen Auffahrunfall mit Personenschaden.

Diese Leute sprechen kein Deutsch. Sie sind erst vor einer
Woche nach Deutschland gekommen.

AB 36 SATZBAU: denn

© FR

Beenden Sie die kausalen Nebensätze.

Ich habe keine Zeit, denn

Gestern war ich im Krankenhaus, denn

Deine Wohnung gefällt mir, denn

Er besuchte am Nachmittag die Ausstellung, denn

Der kranke Mann ging nicht zum Arzt, denn

Heute muss ich mit dem Bus zum Kurs fahren, denn

Der Kollege sprach in der Mittagspause mit dem Chef, denn

Der LKW fuhr langsam, denn

Wir können den Computer nicht benutzen, denn

Der Außendienstmitarbeiter kündigte seinen Job, denn

Die Touristen konnten leider die Sehenswürdigkeiten der Stadt nicht besichtigen, denn

Ich habe mich nicht gewundert, dass er die Sprachprüfung nicht geschafft hat, denn

Herr Schuster hat sich nicht auf die Stellenanzeige in der Zeitung beworben, denn

Ich gehe jetzt nach Hause, denn

Meine Tochter wollte in ihrem Zimmer nicht gestört werden, denn

Die Kollegen trafen sich am Freitag nach dem Feierabend im Restaurant, denn

AB 37 SATZBAU: aber © FR

1. Verbinden Sie die Sätze mit der Konjunktion „aber".

Ich mache Sport nicht gern. Sport ist gut für die Gesundheit.

*Ich mache Sport nicht gern, **aber** er ist gut für die Gesundheit.*

Die Ärztin hat den Patienten untersucht. Sie hat nichts gefunden.

Es macht große Freude, den Kindern beim Tanzen zuzusehen. Leider habe ich dafür keine Zeit.

Ich werde dich finanziell unterstützen. Du solltest auch in den Ferien arbeiten und etwas Geld sparen.

Leider habe ich keinen Schulabschluss. Mein Wunsch ist es, eine Ausbildung als Mechaniker zu machen.

2. Beenden Sie die Sätze.

Während des Urlaubs habe ich eine Diät ausprobiert, aber

Am gestrigen Abend gab es einen schweren Unfall auf der A7, aber

Der IT-Fachmann repariert den Computer im Büro seit mehreren Stunden, aber

Ich habe mich auf die ausgeschriebene Stelle beworben, aber

Mit Ihrem Service im Hotel war ich sehr zufrieden, aber

Wir können noch schnell einen Kaffee zusammen trinken, aber

Ich würde gern eine andere Arbeitsstelle suchen, aber

AB 38 SATZBAU: aber

© FR

Verbinden Sie die Sätze, indem Sie die Konjunktion „aber" benutzen.

Meine Kollegen lehnen eine Arbeit am Wochenende ab. Überstunden an Wochentagen sind für sie kein Problem.

*Meine Kollegen lehnen eine Arbeit am Wochenende ab, **aber** Überstunden an Wochentagen sind für sie kein Problem.*

Ich habe gehört, dass Sie die Ware bestellt haben. Ich habe keinen Bestellschein gefunden.

Vom Jobcenter erhält der Mann eine finanzielle Unterstützung. Er muss sich schnell um eine Arbeitsaufnahme bemühen.

Während der Wartungsarbeiten können sie nicht an den Maschinen arbeiten. Sie könnten inzwischen im Büro Ordnung schaffen.

Der neue Kollege verfügt über keinen Berufsabschluss. Er hat viel Berufserfahrung in der Dienstleistungsbranche.

Schreiben Sie Nebensätze mit Konjunktionen.

Ich besuchte einen Deutschkurs, **damit**

Ich besuche einen Deutschkurs, **weil**

Ich besuche einen Deutschkurs, **obwohl**

Ich besuche einen Deutschkurs, **sobald**

Ich besuche einen Deutschkurs, **wenn**

Ich besuche einen Deutschkurs, **da**

Ich besuche einen Deutschkurs, **während**

Ich besuche einen Deutschkurs, **bevor**

Ich besuche einen Deutschkurs, **obgleich**

Ich besuche einen Deutschkurs, **falls**

Ich besuchte einen Deutschkurs, **nachdem**

Ich besuche einen Deutschkurs, **solange**

Ich besuche einen Deutschkurs, **bis**

Formulieren Sie die Sätze um, indem Sie _Präpositionaladverbien_ verwenden.

Der Text <u>dient zu</u>m Üben des Wortschatzes.
Der Text <u>dient</u> **dazu**, den Wortschatz zu üben.

Die Erziehung kann einen großen Einfluss auf die Entwicklung eines Kindes haben.

Der Lehrer rät zu einer gründlichen Prüfungsvorbereitung.

Das Bestehen der Prüfung ist abhängig von deinem Fleiß und Engagement im Sprachkurs.

Die Eltern sind stolz auf das Bestehen der Abschlussprüfung ihres Sohnes.

Sein Modebewusstsein zeigt sich in der Auswahl seiner Kleidung.

In seinem neusten Buch schrieb er über die Folgen des Krieges in seiner Heimat.

Mein Kollege irrte sich in der Einschätzung der Situation.

Klara erhoffte sich von ihrem Vorgesetzten ein Feedback zur Durchführung des Seminars.

Bei dieser Übung geht es um die Beweglichkeit der Hände.

In der Pause sprechen die Kollegen über die Kosten der Dienstreise

Deine Leistungseinschätzung sollte sich durch Objektivität auszeichnen.

SCHREIBEN

Formulieren Sie den BETREFF.	
SCHREIBANLASS	**BETREFF**
Sie möchten vielleicht an einem Talentwettbewerb teilnehmen und brauchen noch wichtige Informationen.	Bitte <u>um</u> Informationen zum Talentwettbewerb
Sie haben Ihr Badezimmer renovieren lassen und waren leider nicht mit der Arbeit des Handwerkers zufrieden.	
Sie haben an einer Busreise teilgenommen, aber der Verlauf der Reise entsprach nicht Ihren Erwartungen.	
Sie haben in einem Online-Shop eine Kamera bestellt, jedoch wurde Ihnen ein falsches Modell geliefert.	
Sie haben am Bewerbungscoaching teilgenommen, doch die Veranstaltung war nicht zufriedenstellend.	
Sie möchten sich ehrenamtlich in einem Verein engagieren. Doch bevor Sie Mitgliedschaft werden, benötigen Sie noch einige Auskünfte zur Vereinstätigkeit.	
Ihr Wunsch ist es, ein Praktikum bei einem Fahrzeughersteller zu absolvieren, da Sie sich für technische Berufe interessieren. Sie möchten wissen, ob ein Praktikum möglich ist und welche Anforderungen an einen Praktikanten bzw. an eine Praktikantin gestellt werden.	
Sie haben Ihren Führerschein bei der Fahrschule SCHOLLER erworben, waren aber mit dem theoretischen Unterricht nicht zufrieden.	
Sie haben online mehrere Möbelstücke gekauft, aber die Möbel hatten Mängel, sodass Sie sie reklamieren müssen.	

Situation:
Sie beschweren sich, weil das Bewerbungstraining nicht gut war.

Vervollständigen Sie die Sätze.

Anlass meiner Beschwerde

Aufgrund einiger Mängel während des Bewerbungstrainings

Während des Bewerbungstrainings gab es

Da meine Erwartungen bezüglich Ihres Bewerbungstrainings

Es war unerfreulich, dass

Ich hätte nicht erwartet, dass

Ihr Angebot fand ich sehr interessant, aber

Ihre Anzeige machte mich neugierig, aber

Ich hatte mir vorgestellt, dass

Als ich Ihre Anzeige las, war ich begeistert, aber

Hinsichtlich Ihres Bewerbungstrainings muss ich Ihnen leider mitteilen, dass

Obwohl Ihr Bewerbungstraining eine gute Erfahrung war,

Einerseits war Ihr Bewerbungstraining eine positive Erfahrung, andererseits

AB 43 SCHREIBEN: **sich beschweren** (besser formulieren)	© FR

Formulieren Sie die negative Aussage auf B2-Niveau.

Das Essen war schlecht.

B2: *Leider muss ich Ihnen mitteilen, dass das Essen nicht meinen Erwarten entsprach./ Die Qualität der Speisen war so schlecht, dass man sie nicht mit Genuss verzehren konnte./ Mit der Zubereitung der Speisen war ich nicht zufrieden, da sie nicht schmeckten. Das bezeugten auch die vollen Teller meiner Gäste nach den Mahlzeiten./ Ich möchte mich bei Ihnen beschweren, da die zubereiteten Speisen von schlechter Qualität waren.*

Der Handwerker hatte keine Ahnung.

Der Online-Sprachkurs war eine Katastrophe.

Die Reise hat mir nicht gefallen.

Die gelieferte Kamera war falsch.

Ergänzen Sie Sätze.

Die Bremsen des Fahrrades funktionierten schlecht. Deshalb

Bei der Organisation und Durchführung des Kurses gab es große Mängel. Darum

Ich freute mich auf ein Intensivtraining mit erfahrenen Trainern, doch

Das gelieferte Fahrrad entsprach nicht meinem Kundenwunsch, sodass

Der Mitarbeiter der Umzugsfirma hatte keine Erfahrung mit dem Aufbau der Möbel. Deswegen

Der Fahrlehrer war unfreundlich und hatte keine Lust, meine Fragen zu beantworten. Aus diesem Grund

Unsere Unterkunft war zwar sauber und komfortabel, aber

Ihre Versicherungsgesellschaft hat sich nicht um die Schadensregulierung gekümmert, obwohl das laut Ihrer Anzeige der Fall sein sollte. Darum

AB 45 SCHREIBEN: sich beschweren (Sätze ergänzen) © FR

Ergänzen Sie die Sätze.

(Kundenservice nie erreichbar)
Die Erfahrungen mit Ihrer Versicherungsgesellschaft waren enttäuschend, weil Ihr telefonischer Kundenservice nie erreichbar war.

(unerfahrene Dozenten)
Es war nicht gut, dass

(fehlende Information über die Absage des Konzertes)
Es war unakzeptabel, dass

(keine Videoaufzeichnungen der Vorstellungsgespräche während des Bewerbungscoachings)
Obwohl ich während des Bewerbungscoachings viele wertvolle Tipps für meine Bewerbung erhalten habe, bin ich trotzdem enttäuscht, denn

(unerfüllte Erwartungen nach der Lektüre der Anzeige)
Anlass für meine Beschwerde ist, dass

(Beschädigung der Tür durch Mitarbeiter des Schlüsseldienstes)
Ich finde es sehr bedauerlich, dass

(geplante Hafenrundfahrt entfiel)
Bedauerlicherweise

1. Schreiben Sie einen Satz mit einem *Infinitiv mit zu*.

das Konzert meiner Lieblingsband besuchen

*Ich freute mich, das Konzert meiner Lieblingsband **zu besuchen**.*

eine Geräteversicherung abschließen

Ich dachte, dass es vorteilhaft wäre,

am Auslandsprojekt teilnehmen

Ich freute mich,

sich um die Organisation des Abschlussfestes kümmern

Es war Ihre Aufgabe,

eine geeignete Lösung finden

Ich denke, dass es Ihre Aufgabe ist,

kompetente Trainer beschäftigen

Es wäre gut,

mich heute Abend anrufen

Ich schlage vor,

die Funktionen Ihrer App verbessern

Ich möchte Ihnen vorschlagen,

mir ein neues Angebot unterbreiten

Ich möchte Sie bitten,

die Reiseroute verändern

Es wäre eine gute Idee,

Kundenwünsche erfüllen

Ihren Mitarbeitern sollte es ein Bedürfnis sein,

meinen Antrag zeitnah bearbeiten

Ihre Mitarbeiter waren nicht in der Lage,

ein Opfer von Mobbing sein

Es war eine bittere Erfahrung,

Ergänzen Sie den Satz mit einem *Infinitiv mit zu*.

neue Leute kennenlernen

Ich hatte mich darauf gefreut, neue Leute kennenzulernen.

in einem schmutzigen Zimmer wohnen

Es war unakzeptabel,

die Tür reparieren

Leider war es dem Handwerker nicht möglich,

das Gerät benutzen

Ich hatte Angst,

Leute in meinem Alter treffen

Es hätte mir Spaß gemacht,

teilnehmen an Ihrem Kurs

Ich hatte mich entschieden,

die Fahrprüfung nicht schaffen

Es war sehr ärgerlich,

in kurzer Zeit die Fahrschule absolvieren

Ich hatte den Wunsch,

Menschen aus anderen Ländern treffen

Ich habe erwartet,

den Lehrer verstehen

Es war ein großes Problem,

die Fahrschule in wenigen Wochen absolvieren

Ich hatte den Plan,

Ergänzen Sie die Sätze. Benutzen Sie das vorgegebene Thema.

Die Bremsen am Fahrrad funktionieren schlecht.

1. Es ist unakzeptabel, dass

2. Während der Radtour

3. Einerseits war das Licht am Fahrrad defekt, andererseits

4. Es war gefährlich, mit dem Fahrrad zu fahren, weil

5. Die Benutzung des Fahrrades war nicht ungefährlich, denn

6. Das Fahrrad entsprach meinen Erwartungen, aber

7. Leider musste ich meine Radtour abrechen, da

8. Nachdem ich mit dem Fahrrad gefahren war, musste ich feststellen, dass

9. Obwohl das Fahrrad neu ist,

10. Ich möchte Sie darüber informieren, dass

11. Der Grund meiner Beschwerde ist

12. Ich möchte darauf hinweisen, dass funktionierende Bremsen ein Fahrrad verkehrssicher machen, jedoch

13. Das Fahrrad ist hinsichtlich seiner Verkehrssicherheit nicht zu empfehlen, da

14. Die Funktionsfähigkeit der Fahrradbremse ist

Ergänzen Sie die Relativsätze, passend zum Thema „Beschwerde".

Leider schickten Sie einen <u>Handwerker</u>,

Der <u>Lehrgang</u>,

Ich hatte oft Streit mit Ihrem <u>Trainer</u>,

Am Abend besuchte ich den <u>Vortrag</u>,

Wir trafen uns vor dem <u>Hotel</u>,

Ich schloss eine <u>Versicherung</u> ab,

Während meiner Auslandsreise machte ich die Bekanntschaft mit <u>Menschen</u>,

Leider war Ihr <u>Angebot</u>,

Das Online-Angebot richtete sich an <u>Teilnehmer</u>,

Die Studie untersuchte die Qualität des <u>Wassers</u>,

Leider konnten wir keine <u>Ausflugsorte</u> besuchen,

Während des Bewerbungstrainings bekamen wir <u>Tipps</u>,

Der Online-Sprachkurs begann mit einem <u>Thema</u>,

Der <u>Fahrschullehrer</u>,

Innerhalb der Gruppe gab es <u>Spannungen und Konflikte</u>,

Der Reiseveranstalter hat mich erst gestern über das <u>Problem</u> informiert,

Ergänzen Sie die Sätze zum Thema „Beschwerde".

Gegen Ihr Angebot sprach,

Ich fand es unakzeptabel,

Ich hätte nicht erwartet,

Sie sollten wissen,

Ich erwartete,

Aufgrund der Mängel während meines Aufenthaltes im Hotel

Ihr Reiseleiter meinte,

Wegen der schlechten Organisation des Kurses

Bezüglich Ihres Angebotes

Wegen der Unannehmlichkeiten

Während der Veranstaltung

Als ich im Hotel ankam,

Als ich Ihre Anzeige gelesen hatte,

Nach der Lektüre Ihrer Anzeige

Ich freute mich auf

Ich konnte nicht an dem Ausflug teilnehmen,

Die App hat nicht funktioniert,

LÖSUNGEN UND LÖSUNGSVORSCHLÄGE

AB 1 SPRACHBAUSTEINE: Präpositionen im Genitiv

Ergänzen Sie eine passende Präposition im Genitiv.

Eine Hamburger Bäckerei musste **infolge/ aufgrund/ wegen** mehrerer Hygieneprobleme in der letzten Woche geschlossen werden.

Angesichts seines Todes ließ der alte Mann einen Notar kommen und schrieb sein Testament.

Frau Müller, wir müssen uns **bezüglich/ hinsichtlich** der Planung der monatlichen Besprechung noch abstimmen.

Anlässlich der Eröffnung des neuen Freizeitparks findet ein großes Familienfest mit Künstlern und Schaustellern statt.

Infolge/ aufgrund/wegen eines schweren Unfalls wurde Herr Schneider arbeitsunfähig und kann nicht mehr arbeiten.

Aufgrund/ wegen/ infolge der schlechten wirtschaftlichen Lage sind viele Unternehmen mit Neueinstellungen zurückhaltend.

Anhand/ mittels einer Grafik erklärte der Lehrer die Unterschiede **hinsichtlich/ bezüglich** der Lebensqualität der Menschen in verschiedenen Großstädten.

Trotz einer guten Vorbereitung auf die Sprachprüfung, konnte er sie nicht bestehen.

Aufgrund/ wegen vieler Mängel im Hotel möchte ich mich beim Reiseveranstalter beschweren.

Es ist traurig, dass viele Menschen in Deutschland **unterhalb** der Armutsgrenze leben müssen.

Kann ich deine Familie **während** meines Aufenthalts in deiner Heimatstadt besuchen?

Bezüglich/ hinsichtlich Ihres Antrages auf Sonderurlaub gibt es Probleme, Herr Mohadi.

Ich glaube, dass man **jenseits** der Fünfzig das Leben gelassener nimmt.

Frau Schuster, **bezüglich/ hinsichtlich** Ihrer Weiterbildung hätte ich noch einige Fragen. Bitte kommen Sie doch in mein Büro.

Innerhalb der Arbeitszeit ist das private Surfen im Internet untersagt.

Ich habe gehört, dass es **anlässlich** des Firmenjubiläums ein großes Betriebsfest geben soll.

Infolge/ aufgrund/ wegen seiner Alkoholsucht wurde er entlassen.

AB 2 SPRACHBAUSTEINE: Präpositionen im Genitiv

Ergänzen Sie eine passende Präposition im Genitiv.

Anlässlich des Weihnachtsfestes findet eine Feier im Festsaal statt.

Hinsichtlich/ bezüglich der Organisation des Weihnachtsfestes gibt es noch viele Fragen zu klären.

Viele Menschen konnten **während** der Pandemie ihre Verwandten nicht an den Weihnachtstagen besuchen, um sie nicht zu gefährden.

Die Weihnachtsfeier der Kollegen findet in diesem Jahr **innerhalb/ außerhalb/ während** der Arbeitszeit statt.

Die Mutter erklärt ihrem Sohn die Weihnachtsfeiertage **anhand/ mittels** eines Kalenders.

Während des Weihnachtsfestes wurde viel gegessen, getrunken und getanzt.

Trotz des festlich geschmückten Raumes kam keine Weihnachtsstimmung auf.

Der Weihnachtsmarkt findet in diesem Jahr **außerhalb/ innerhalb/ inmitten** des Stadtzentrums statt.

Herr Simmen, ich lade Sie **anlässlich** der Eröffnung des Weihnachtsmarktes zu einem Glühwein ein.

Früher hat es **während** der Weihnachtszeit nach Pfefferkuchen und Bratäpfeln geduftet.

Nicht selten kommt es **innerhalb** der Familie zu Zank und Streit, weil die Verwandten das Weihnachtsfest gemeinsam feiern und viel Zeit zusammen verbringen. **Infolge/ aufgrund/ wegen** verschiedener Meinungen und Einstellungen kommt es zu Konflikten.

Trotz des starken Schneefalls planten sie einen Weihnachtsspaziergang.

Hinsichtlich/ bezüglich der Zubereitung der Weihnachtsgans hatte mein Mann viele Ideen, aber keine wurde berücksichtigt.

Angesichts/ aufgrund/ wegen der langen Schlangen vor den Geschäften verschiebe ich meine Weihnachtseinkäufe. **Wegen/ aufgrund/ angesichts** des Einkaufsstresses im Einkaufszentrum entscheide ich mich vielleicht dafür, im Internet Geschenke zu bestellen.

Trotz vieler Weihnachtsgeschenke war das Kind traurig.

AB 3 SPRACHBAUSTEINE: Präpositionen

Ergänzen Sie passende Präpositionen.

Mohammad freut sich seit langer Zeit **auf** den Kauf seines neuen Autos.

Imad kümmert sich jeden Tag **um** seine Familie.

Gulistan nahm den Geruch **von** Zwiebeln wahr.

Gheorghe hat ein großes Wissen **über** medizinische Massagen.

Pegah hat einen Mangel **an** Schlaf, da sie auf dem Konzert war.

John fehlen die Voraussetzungen **für** eine Arbeit als Arzt.

Ghida hat Angst **vor** dem großen Hund, weil er die Zähne fletscht.

Sium freute sich heute Morgen **über** den Schnee vor ihrem Haus.

Hussam ist stolz **auf** seine Nationalität.

Shahab träumt **von** einem erfüllten Leben als Musikerin.

Sergej ist seit vielen Jahren abhängig **von** Zigaretten.

Alina ist **für** das neue Naturschutzprojekt verantwortlich.

Alyass ist **mit** den Arbeitsbedingungen in seinem Betrieb zufrieden.

Ali hat vergessen, **auf** den Brief des Jobcenters zu antworten.

Osayi fragte die Therapeutin **nach** einem freien Termin für die Physiotherapie.

Kire freut sich **auf** das Treffen mit seinen Arbeitskollegen am nächsten Freitag.

Simona legt Wert **auf** ein gepflegtes Äußeres, denn es sagt viel über einen Menschen aus.

Svetlana wirkte **auf** den Lehrer ängstlich und zurückhaltend.

Roman wollte sich im nächsten Frühjahr **an** dem Marathon beteiligen, den seine Schule organisiert.

AB 4 SPRACHBAUSTEINE: Präpositionen

Ergänzen Sie passende Präpositionen.

Der Mitarbeiter hatte große Angst **vor** der neuen Maschine, da er nur wenig Arbeitserfahrung hatte.

Ich danke dir **für** die Hilfe bei meinem Umzug.

Im Kurs zeigte Jamal großes Interesse **an** der Politik.

Sein Sohn interessiert sich **für** klassische Musik.

Seit vielen Wochen freute sie sich **auf** seinen Besuch.

Bist du eigentlich stolz **auf** deinen Schulabschluss?

Mustafa hat zum Geburtstag ein Geschenk bekommen, **über** das er sich sehr gefreut hat.

Es ist traurig, dass der kleine Junge sich nicht mehr **an** seine Eltern erinnert.

Die Teilnehmer dieses Kurses sollten sich gut **auf** die Abschlussprüfung vorbereiten.

Eigentlich ist es die Aufgabe der Eltern, sich **um** die Hausaufgaben ihrer Kinder zu kümmern.

Auf dem Elternabend redeten die Eltern **mit** der Lehrerin **über** die Klassenfahrt nach Berlin.

Frau Mustermann lebt getrennt **von** ihrem Mann.

Die meisten Flüchtlinge haben Sehnsucht **nach** ihrem Heimatland.

Solange er denken kann, träumte er **von** einem eigenen Haus, in dem er mit seiner Familie wohnen kann.

Der Abteilungsleiter ist **für** den Umsatz seiner Abteilung zuständig.

Beim Arzt fragt der Patient **nach** einem Termin für seine Operation.

Die Lehrkraft ist **für** die Organisation der B2-Prüfung verantwortlich.

Meine Frau benutzt ein starkes Parfüm, das **nach** Veilchen duftet.

Seine Mutter ist im Supermarkt tätig und ist am Abend immer müde **von** ihrer Arbeit.

Maria hat ein großes Wissen **über** Meerestiere.

AB 5 SPRACHBAUSTEINE: Präpositionen

Ergänzen Sie passende Präpositionen.

Trotz meiner Erkrankung werde ich heute arbeiten.

Mein Bruder möchte **aufgrund/ wegen** des schlechten Wetters nicht **an** der Radtour teilnehmen.

Wenn Sie sich **an** der Aktion beteiligen wollen, müssen Sie dieses Formular ausfüllen.

Wir haben **hinsichtlich/ bezüglich** Ihrer Mitarbeit in unserer Firma einige Bedenken, da Sie keine Berufserfahrungen vorweisen können.

Vielleicht schaffen wir **mit** deiner Hilfe den Zug noch.

Natürlich hat sich der Kollege **über** die Kündigung geärgert, aber er ist ja selbst schuld **an** dieser Situation.

Wenn man krank ist, sollte man besonders **auf** eine gesunde Ernährung achten.

Inmitten des Waldes fand die Polizei ein verletztes Wildschwein.

Sandra freute sich **über** ihr Geschenk, denn **statt/ anstatt** eines Buches bekam sie ein Fahrrad geschenkt.

Die Entwicklung des Werkes wurde **anhand/ mittels** einer Statistik verdeutlicht, sodass sich jeder Kollege ein Bild **von** der Lage des Unternehmens machen konnte.

Frau Grohne wollte heute **wegen/ aufgrund/ angesichts** einer Flut von Kundenaufträgen Überstunden machen, sodass ihr Mann **auf** die Kinder aufpassten musste.

Ich schlage vor, dass wir heute **außerhalb/ innerhalb** der Firma essen.

Dieses Foto ist eine Erinnerung **an** meinen alten Chef, der vor einem Jahr verstorben ist.

Warum muss sich eigentlich alles **um** dich drehen?

Frau Schuster ist verantwortlich **für** die Akquise der Kunden.

Ich hätte nicht gedacht, dass man sich **auf** deinen Freund verlassen kann.

Leider gibt es **innerhalb** meines Arbeitsteams Konflikte, deren Lösung mich **vor** eine große Aufgabe stellt.

AB 6 SPRACHBAUSTEINE: Präpositionen

Ergänzen Sie passende Präpositionen.

Trotz seines sehr guten Schulabschlusses erhielt er auf seine Bewerbung eine Absage.

Vielleicht könnten wir ja **während/ innerhalb** des Unterrichts **über** das Projekt sprechen und Ideen sammeln.

Jeder kann beobachten, dass sich unser Kommunikationsverhalten **während/ innerhalb** der letzten Jahre stark verändert hat.

Die Mutter beschwerte sich, weil ihr Sohn sich nicht **an** der Hausarbeit beteiligt.

Dank seiner Initiative konnten wir das neue Projekt finanzieren.

Das Grundgesetz ist nur **innerhalb** Deutschlands gültig.

Wer kümmert sich eigentlich **um** eine Unterrichtsvertretung?

Die Kollegen waren sehr neugierig **auf** den neuen Mitarbeiter.

Wenn man einen Beruf wählt, sollte man auch die Frage **nach** Zukunftsperspektiven berücksichtigen.

Niemand behauptet, dass die Suche **nach** einem neuen Arbeitsplatz einfach ist.

Ich glaube, dass er ein gutes Verhältnis **zu** seinem Chef hat.

Der Gedanke **an** meine Zukunft macht mir Sorgen.

Glücklicherweise wurde seine Bitte **um** Versetzung vom Außendienst in den Innendienst erfüllt.

Diese Sportart ist nur **für** junge Menschen geeignet, da sie die Knochen stark belastet.

Die Umfrage ergab, dass das Personal eigentlich sehr zufrieden **mit** den Arbeitsbedingungen ist.

Der Vorgesetzte konnte seinen Mitarbeiter nicht **von** dem neuen Arbeitszeitmodell überzeugen.

Wir haben von diesem Kunden eine Bitte **um** Informationen bekommen.

Seit vielen Jahren begeistert sich meine Nachbarin **für** die Gartenarbeit.

AB 7 SPRACHBAUSTEINE: Präpositionen

Ergänzen Sie passende Präpositionen.

Viele Menschen engagieren sich **für** Flüchtlinge.
Frau Schuster ärgert sich **über** ihren Chef, da er ihre Arbeit oft kritisiert.
Wenn Sie Erfahrungen **mit** Kindern haben, können Sie ein Praktikum im Kindergarten absolvieren.
Die Studentin freut sich **über** ihr Studium, das im nächsten Monat beginnen soll.
Die ausländischen Gäste gehören **zu** den Teilnehmern der Konferenz.
Der ausgebildete Mechaniker freut sich **über** seinen neuen Arbeitsvertrag, den er heute unterschrieben hat.
Es ist schade, dass sich mein Nachbar nicht **mit** mir unterhalten möchte.
Da ich mich **für** Fotografie interessiere, besuche ich einen Kurs an der Volkshochschule.
Auf der Baustelle unterhalten sich die Kollegen **über** den Arbeitsschutz.
In dem neuen Buch des polnischen Autors geht es **um** die politische Situation in seinem Land.
Bitte informieren Sie sich **über** die aktuelle Wetterlage, damit Sie die passende Kleidung für Ihren Ausflug einpacken.
Der gelernte Bäcker denkt **über** einen Berufswechsel nach, da er sein Hobby zum Beruf machen möchte.
Bei der Renovierung des Badezimmers hat sich seine Frau **gegen** schwarze Fliesen entschieden, weil sie helle Räume mag.
Um die B2-Prüfung zu bestehen, muss man sich gut **auf** sie vorbereiten.
Warum hast du dich nicht **von** deinen Freunden verabschiedet?
Nachdem Maria ihr Lehrerstudium beendet hatte, bewarb sie sich **um** eine Stelle als Lehrerin an einer Grundschule.

AB 8 SPRACHBAUSTEINE: Präpositionen

Ergänzen Sie passende Präpositionen.

Es war nicht einfach für das Kind, sich **an** seine Heimat zu erinnern.
Seit langer Zeit träumt John **von** einem Urlaub mit seiner ganzen Familie.
Leider ist erst Montag! Freut ihr euch **auf** das Wochenende?
Der Chef der Firma hat den Kollegen **zu** ihrem Erfolg gratuliert.
In seiner Freizeit beschäftigt er sich gern **mit** Malerei.
Für deine Gesundheit ist es besser, wenn du **auf** Alkohol verzichtest.
Bevor ich einschlafe, muss ich immer **an** meine Verwandten in der Heimat denken.
Musst du immer **mit** deinem Bruder **über** das Geld streiten?
Damit wir unsere Webseiten selbst erstellen können, werden wir **an** einem Computerkurs teilnehmen.
Der Betriebsrat trifft sich heute, um **über** den geplanten Streik zu diskutieren.
Während/ inmitten der Besprechung fragte der Kollege nach einer Gehaltserhöhung.
Wer interessiert sich eigentlich **für** diese Weiterbildung?
Die Mitarbeiter der Lebensmittelbranche können **an** einer Fortbildung im Ausland teilnehmen, wenn Sie englisch sprechen.
Neben/ außer einem leckeren Essen gab es auch noch kleine Geschenke zum Betriebsjubiläum.
Torsten würde sich eigentlich gern **um/ auf** eine Stelle als Betriebsleiter bewerben, aber er hat Angst **vor** dieser Herausforderung.
Ich helfe dir **bei** deiner Bewerbung und du hilfst mir **mit** deiner Muskelkraft beim Umzug . Einverstanden?
Er hat vergeblich **nach** einem Job in Erfurt gesucht.

AB 9 SPRACHBAUSTEINE: Zweiteilige Konnektoren

Ergänzen Sie zweiteilige Konnektoren.

nicht nur …sondern auch / einerseits …andererseits / entweder … oder / zwar …aber/ weder … noch/ je …desto / sowohl … als auch

1. Mein Kollege möchte **zwar** gern nach Russland fliegen, **aber** er hat große Angst vorm Fliegen.
2. Die neuen Unterrichtszeiten gefallen leider **weder** den Lehrkräften **noch** den Teilnehmern.
3. **Einerseits** möchte ich weiterhin in dieser Firma arbeiten, weil sie meine Arbeit gut bezahlt, **andererseits** würde mich eine neue Arbeitsaufgabe reizen.
4. Ich möchte während meiner Geschäftsreise **nicht nur** Erfahrungen mit anderen Geschäftsleuten austauschen, **sondern auch** neue Kunden gewinnen.
5. **Je** länger ich in diesem Unternehmen arbeite, **desto** freundschaftlicher werden die Beziehungen zu meinen Kollegen.
6. Wenn es nach ihm ginge, würde er **sowohl** studieren **als auch** einen Job suchen.
7. Um den Umsatz zu steigern, müssen wir **einerseits** neue Kollegen einstellen und **andererseits** moderne Maschinen kaufen.
8. Ich bin **zwar** gern im Versand tätig, **aber** eine Arbeit in der Personalabteilung gefällt mir auch.
9. **Je** stressiger meine Arbeit ist, **desto** wichtiger ist meine Entspannung am Wochenende.
10. Ich kümmere mich im Lager **entweder** um die Einlagerung der Ware **oder** um den Transport der Ware zu den Großkunden. Beides gleichzeitig schaffe ich nicht.

AB 10 SPRACHBAUSTEINE: Nomen-Verb-Verbindung

Suchen Sie das passende Verb zum Nomen.

finden treffen nehmen stehen zeigen erregen spielen haben wissen kommen ziehen fassen setzen tragen sammeln versetzen begehen bewahren beachten liegen erwerben

Interesse	**zeigen, haben**	eine Rolle	**spielen, haben**
Aufmerksamkeit	**erregen, finden, haben**	Rücksicht	**nehmen**
zur Kenntnis	**nehmen**	Eindrücke	**sammeln**
in Anspruch	**nehmen**	Beachtung	**finden**
zur Folge	**haben**	sich in Acht	**nehmen**
zur Verfügung	**stehen**	in Frage	**kommen**
in Kauf	**nehmen**	in Betracht	**ziehen**
einen Fehler	**begehen**	auf der Hand	**liegen**
Fähigkeiten	**erwerben**	Wissen	**erwerben**
den Arbeitsschutz	**beachten**	eine Entscheidung	**treffen**
einen Entschluss	**fassen**	eine Vereinbarung	**treffen**
aufs Spiel	**setzen**	Bilanz	**ziehen**
Verantwortung	**tragen**	Bescheid	**wissen**
Erfahrungen	**sammeln**	Kompetenzen	**erwerben**
mit dem Gedanken	**spielen**	in Aufregung	**versetzten**
Vorschriften	**beachten**	Mitgefühl	**haben, zeigen**
in Unruhe	**versetzen**	ein Geheimnis	**bewahren, haben**

AB 11 SPRACHBAUSTEINE: Partizipien als Adjektive

Ergänzen Sie das Partizip in der korrekten Form.

festhalten

Der auf dem Foto festgehaltene Augenblick ist eine meiner schönsten Erinnerungen.

spielen

Das **gespielte** Lied im Radio ist mein Lieblingslied.

Kauf doch für die **spielenden** Kinder vor deinem Haus ein Eis, Marta!

essen

Inmitten des Kinderzimmers saß das **essende** Kind.

Die **gegessene** Suppe hat wirklich fantastisch geschmeckt.

arbeiten

Viele Wähler meinten, dass die Politiker mehr für die **arbeitende** Bevölkerung tun müsste.

Der Chef vergütete die **gearbeitete** Zeit außerhalb der regulären Arbeitszeit mit einer Sonderzahlung.

trinken

Die **trinkende** Katze wedelte zufrieden mit dem Schwanz.

Vielleicht kommen deine Bauchschmerzen von der **getrunkenen** Milch.

bezahlen

Die **bezahlten** Rechnungen wurden im Computer gespeichert.

recherchieren

Seine **recherchierten** Informationen verwendete er in seiner Facharbeit, die er während seiner Ausbildung schreiben musste.

Vor den Computern sitzen **recherchierende** Jugendliche, um die neusten Filme zu finden, die man streamen kann.

operieren

Der **operierende** Arzt ist heute Dr. Meisner.

Es ist erfreulich, dass es dem **operierten** Patienten wieder besser geht.

ausführen

Der Therapeut beobachtete die **ausgeführten** Bewegungen seines Patienten.

Die Bundesregierung ist in Deutschland die **ausführende** Gewalt.

AB 12 SPRACHBAUSTEINE: Modalpartikel

Ergänzen Sie passende Modalpartikel. Verwenden Sie jedes Wort nur einmal.

eben eigentlich aber wohl vielleicht doch denn bloß ruhig

Beispielsätze	Bedeutung
Du kannst **aber** gut Deutsch sprechen.	bewundernd, überrascht
Er kann doch **bloß** Deutsch sprechen.	abwertend, herunterspielend
Du kannst **doch** gut Deutsch sprechen. Bitte übersetze den Text!	wissend; erinnernd (Es ist allen bekannt.)
Du kannst **ruhig** Deutsch sprechen, wir verstehen dich.	ermunternd, ermutigend
Du sprichst **vielleicht** ein Deutsch! Wir verstehen dich nicht.	verärgert
Wo hast du **denn** Deutsch gelernt?	interessiert
Er spricht **wohl** ein paar deutsche Worte.	vermutend
Er spricht **eben** kein Deutsch.	resignierend
Sprichst du **eigentlich** Deutsch?	Themawechsel, ohne unfreundlich zu sein

AB 13 SPRACHBAUSTEINE: Passiv
Ergänzen Sie die Verbformen im Satz. Benutzen Sie das Passiv und Passiversatzformen.
Achten Sie auf die Zeitform des Verbs im Satz.
Aktiv: Leider schließt der Arzt seine Hausarztpraxis am Monatsende. (Präsens)
Passiv: Leider <u>wird</u> die Hausarztpraxis des Arztes am Monatsende <u>geschlossen</u>.
Der Chor hat traditionelle Lieder gesungen.
Traditionelle Lieder **sind** vom Chor **gesungen worden.**
Diese Demonstration verstieß nicht gegen das Gesetz.
Gegen das Gesetz **wurde** nicht **verstoßen.**
Deine Bewerbung hat das Unternehmen abgelehnt.
Deine Bewerbung   **ist** vom Unternehmen **abgelehnt worden.**
Ich installiere das Programm ohne Probleme auf meinem Computer.
Das Programm **wird** von mir problemlos auf meinem Computer **installiert.**
Das Programm **ist** problemlos auf meinem Computer **zu installieren**. (sein + zu + Infinitiv)
Das Programm **lässt** sich problemlos auf meinem Computer installieren. (sich lassen + Infinitiv)
Das Programm **ist** problemlos auf meinem Computer **installierbar** (sein + -bar)
Aufgrund der Pandemie unterbrach die Sprachschule den Sprachunterricht für einige Wochen.
Aufgrund der Pandemie **wurde** der Sprachunterricht für einige Wochen **unterbrochen** .
Die Teilnehmer bearbeiteten die Prüfungsfragen innerhalb einer bestimmten Zeit.
Die Prüfungsaufgaben   **wurden** innerhalb der 90 Minuten **bearbeitet.**
Die Prüfungsaufgaben **waren** innerhalb der 90 Minuten **zu bearbeiten**. (sein + zu + Infinitiv)
Die Prüfungsaufgaben **ließen** sich innerhalb der 90 Minuten **bearbeiten**. (sich lassen + Infinitiv)
Die Prüfungsaufgaben **waren** innerhalb der 90 Minuten **bearbeitbar**. (sein + -bar)

AB 14 SPRACHBAUSTEINE: Nominalisierungen

Ergänzen Sie die fehlende Wortart.

Verb	Nomen	Verb	Nomen
schützen	der Schutz	verändern	die Veränderung
bestellen	die Bestellung	versenden	der Verstand
tendieren	die Tendenz	widersprechen	der Widerspruch
ausstellen	die Ausstellung	verbreiten	die Verbreitung
sich ereignen	das Ereignis	erstellen	die Erstellung
folgen	die Folge	vorstellen	die Vorstellung
diskutieren	die Diskussion	verzichten	der Verzicht
ignorieren	die Ignoranz	erhalten	der Erhalt
verleihen	die Verleihung	verständigen	die Verständigung
umstellen	die Umstellung	transportieren	der Transport
ansteigen	der Anstieg	produzieren	die Produktion
vorschlagen	der Vorschlag	sorgen	die Sorge
sichern	die Sicherung	stabilisieren	die Stabilisierung
dokumentieren	die Dokumentation	handeln	der Handel
vernetzen	die Vernetzung	bemitleiden	das Mitleid
kommunizieren	die Kommunikation	recherchieren	die Recherche
behaupten	die Behauptung	beschließen	der Beschluss
beleidigen	die Beleidigung	trauern	die Trauer
bilden	die Bildung	gutschreiben	die Gutschrift
senken	die Senkung	fördern	die Förderung
konsumieren	der Konsum	erwerben	der Erwerb
bitten	die Bitte	entwickeln	die Entwicklung
leiten	die Leitung	regieren	die Regierung
bearbeiten	die Bearbeitung	beten	das Gebet
kämpfen	der Kampf	spenden	die Spende
verpflegen	die Verpflegung	erarbeiten	die Erarbeitung
respektieren	der Respekt	warnen	die Warnung
verschlechtern	die Verschlechterung	verbessern	die Verbesserung
erwärmen	die Erwärmung	befriedigen	die Befriedigung
enttäuschen	die Enttäuschung	belehren	die Belehrung
lagern	die Lagerung	versenden	der Versand
motivieren	die Motivation	mahnen	die Mahnung
leisten	die Leistung	betreiben	der Betrieb
organisieren	die Organisation	bestehen	der Bestand
aktivieren	Die Aktivierung	vergleichen	der Vergleich

AB 15 SPRACHBAUSTEINE: Verben in Redewendungen

Ergänzen Sie passende Verben.

Das Computerprogramm lässt sich einfach nicht reparieren. Es ist **zum aus der Haut fahren**.

Heute Abend will mein Kollege, der eine Beziehung mit unserer Sekretärin hat, **reinen Tisch machen**.

Du kannst die Tat nicht deinem Freund **in die Schuhe schieben**. Er hat das auf keinen Fall verdient.

Wir treffen uns heute Abend bei einem Glas Wein und dann kannst du dir alles **von der Seele reden**.

Du brauchst doch **kein schlechtes Gewissen haben**, wenn du deinen Arbeitgeber wechseln möchtest.

Mein Chef kann es nicht leiden, wenn man ihm **über den Mund fährt**.

Mach ihm das Entschuldigen nicht so schwer. Du solltest ihm **eine Brücke bauen**.

Natürlich wollte der Vorstandsvorsitzende seinen Fehler nicht zugeben, da er **sein Gesicht wahren** will.

Die Untersuchung beim Arzt **schiebt** er **auf die lange Bank**, obwohl er Schmerzen hat.

Es **liegt** doch **auf der Hand**, dass der neue Kollege nicht am ersten Arbeitstag alle Arbeitsabläufe verstehen kann.

Der Kollege meinte, dass er nicht **auf zwei Hochzeiten** gleichzeitig **tanzen** kann.

Meine Frau **ist** total **aus dem Häuschen**, als sie von meiner Gehaltserhöhung erfuhr.

Der Chef und seine Sekretärin **kriegen** sich mehrmals pro Woche **in die Haare**.

Mein Chef wurde zwar laut, aber man weiß doch, dass **bellende Hunde nicht beißen**.

Mir **rutscht das Herz in die Hose**, wenn ich an die Höhe des Baugerüstes denke.

Seit er die Kündigung erhalten hat, **sitzt** er **auf der Straße**.

Wenn ich manchmal **kurz angebunden bin**, dann liegt das nicht an dir, sondern an dem Stress.

AB 16 SPRACHBAUSTEINE: Negationswörter

Ergänzen Sie Negationswörter.

nie/niemals   nirgendwo/ nirgends   keinesfalls/ keineswegs   niemand   nichts

Ich möchte **nie/niemals** in der Finanzbranche arbeiten, weil ich dafür nicht geeignet bin.

Für dieses Hobby brauchen Sie **keinesfalls/ keineswegs** Erfahrung, sondern lediglich viel Interesse, um es auszuprobieren.

Meine Tochter studiert **niemals/ nie** Naturwissenschaften, da sie sich nur für Technik und Forschung interessiert.

Damals hat **niemand** dem Unternehmen geholfen, als es in Schwierigkeiten steckte.

Ich möchte **nichts** für meine Hilfe, denn wir sind doch Freunde.

Seit vielen Wochen suche ich ein Ersatzteil für mein altes Auto, aber leider gibt es **nirgends/ nirgendwo** ein passendes Angebot.

Mein beruflicher Erfolg hat an meiner Lebenseinstellung **nichts** geändert.

Der Wunsch, Neues zu lernen hat **keinesfalls/ keineswegs** abgenommen.

Als ich nachts den Park durchquerte, war **niemand** unterwegs.

Der Kollege wollte **nie/ niemals** mit seiner neuen Frisur auffallen, aber seiner Frau konnte er einfach **nichts** abschlagen und deshalb akzeptierte er den Friseurbesuch.

Der Chef legte mir ans Herz, es solle **niemand** außerhalb des Unternehmens von unserer Idee erfahren, damit sie zu unserem Vorteil genutzt werden könne.

Eigentlich wollte Herr Schneider **niemals/ nie** eine leitende Position in der Firma begleiten, aber inzwischen kann er dem Reiz, die Karriereleiter weiter hinaufzuklettern, **keinesfalls/ keineswegs** widerstehen.

Es wird wahrscheinlich **nie/ niemals** passieren, dass ich von meinem Vorgesetzten gelobt werde.

AB 17 SPRACHBAUSTEINE: Präpositionaladverbien

Ergänzen Sie Präpositionaladverbien.

dadurch davon dafür darin dazu damit darüber daran darauf

Die B2-Prüfung zeichnet sich **dadurch** aus, dass sie den Sprachgebrauch auf B2- Sprachniveau nach dem GER testet.

Die Faszination beim Wingsuit-Fliegen besteht vermutlich **darin**, einerseits die absolute Freiheit zu genießen, aber andererseits sich auch an alle Abläufe zu halten, die notwendig sind, um wieder sicher zu landen.

Deine Prüfungsergebnisse sind ein Beweis **dafür**, wie erfolgreich man sein kann, wenn man motiviert und fleißig ist.

Die Kritik meines Vorgesetzten bestand **darin**, dass ich kein Engagement für Umweltprobleme gezeigt habe.

Der Chirurg rät **dazu**, die Operation schnellstmöglich durchzuführen.

Diese Liste gibt **darüber** Auskunft, welchen Lernbedarf die Teilnehmer des Kurses haben.

Ob ich an der Weiterbildung teilnehme, hängt **davon** ab, wie ich sie finanzieren kann.

Sein großes Interesse an der Chinareise sieht man **daran**, dass er Chinesisch lernt und viele Reiseführer liest.

Mein Großvater erzählte oft **davon**, wie er im Krieg verletzt wurde.

In der Besprechung sprachen wir **darüber**, wie wir den Umsatz der Firma steigern können.

Angespannt warten die Kollegen **darauf**, die neuen Maschinen testen zu können.

Er prahlte **damit**, sehr viel Geld in der neuen Firma zu verdienen.

Der Betriebsrat erinnerte die Mitarbeiter **daran**, Vorschläge für Fortbildungen einzureichen.

Der Reiseveranstalter überraschte die Urlauber **damit**, dass er eine Willkommensparty organisierte.

AB 18 SPRACHBAUSTEINE: Adjektive mit Präpositionen

1. Ergänzen Sie die Präpositionen.

von über mit auf für nach zu an bei um gegenüber

abhängig	**von + D**	befreundet	**mit + D**
verärgert	**über + A**	entscheidend	**für + A**
bekannt	**für + A**	neugierig	**auf + A**
bereit	**zu + D/ für + A**	enttäuscht	**von + D**
fähig	**zu + D**	unzufrieden	**mit + D**
interessiert	**an + D**	wütend	**auf + A**
beteiligt	**an + D**	beunruhigt	**von + D**
gespannt	**auf + A**	geeignet	**für + A**
einverstanden	**mit + D**	müde	**von + D**
beschäftigt	**mit + D**	glücklich	**mit + D**
fertig	**mit + D**	gut	**für + A**
begeistert	**von + D**	beeindruckt	**von + D**
froh	**über + A**	wichtig	**für + A**
dankbar	**für + A**	schuld	**an + D**
erschüttert	**von + D**	verrückt	**nach + D**
verliebt	**in + A**	böse	**auf + A**
besorgt	**über + A**	berühmt	**um + A**
angenehm	**für + A**	frei	**von + D**
traurig	**über + A**	hilfreich	**für + A/ bei + D**
reich	**an + D**	schädlich	**für + A**
arm	**an + D**	typisch	**für + A**
verwandt	**mit + D**	verheiratet	**mit + D**
stolz	**auf + A**	misstrauisch	**gegenüber + D**
ungerecht	**gegenüber + D**	verantwortlich	**für + A**

2. Welche Präpositionen benötigen den <u>A</u>kkusativ und welche den <u>D</u>ativ?

AB 19 SPRACHBAUSTEINE: Verben

Entscheiden Sie, welches Verb passt.

hoffe/ erhoffe

Aufgrund meiner guten Qualifikationen **erhoffe** ich mir attraktive Jobangebote.

antworten/ beantworten

Der Fahrlehrer konnte nicht auf jede Frage **antworten**, die ihm während des Unterrichts gestellt wurde.

bearbeiten/ arbeiten/ verarbeiten

Die Mitarbeiterin kann innerhalb ihrer Arbeitszeit an dem neuen Projekt **arbeiten**.

Ich würde mich freuen, wenn Sie zeitnah meine Beschwerde
bearbeiten.

In seiner Freizeit will mein Bruder Naturmaterialien mit dem Schnitzmesser **bearbeiten**.

Mein Bruder braucht viel Zeit, um die Niederlage zu **verarbeiten**.

wirken/ bewirken/ auswirken

Deine Bewerbung muss professionell **wirken**.

Diese neue Therapie kann sich positiv auf seine Beweglichkeit
auswirken.

Die neue Medizin soll eine schnelle Genesung der Patienten **bewirken**.

anregen/ aufregen

Durch Einnahme der Tabletten kann man die Verdauung der Speisen **anregen**.

Wer sich über das Verhalten der Politiker **aufregen** möchte, hat heute Abend bei unserem Treffen dazu Gelegenheit.

denken/ bedenken

Man sollte **bedenken**, dass die Anschaffung neuer Büromöbel hohe Kosten verursacht.

Am Abend muss ich immer an die Schönheit meiner Heimat
denken.

Man kann **denken**, was man will, denn das ist ein Grundrecht in unserer Verfassung.

Ergänzen Sie die Stammformen des Verbs.

Infinitiv	*Präteritum*	*3.P., Sgl., Perfekt*
installieren	*installierte*	*installiert*
renovieren	renovierte	renoviert
präsentieren	**präsentierte**	**präsentiert**
strukturieren	**strukturierte**	strukturiert
dekorieren	**dekorierte**	**dekoriert**
reklamieren	reklamierte	**reklamiert**
kommunizieren	**kommunizierte**	kommuniziert
stornieren	stornierte	**storniert**
investieren	**investierte**	**investiert**
demonstrieren	demonstrierte	**demonstriert**
abonnieren	**abonnierte**	**abonniert**
engagieren	engagierte	**engagiert**
produzieren	**produzierte**	**produziert**
lackieren	**lackierte**	lackiert
aktivieren	aktivierte	**aktiviert**
reagieren	**reagierte**	**reagiert**
montieren	**montierte**	montiert
amtieren	**amtierte**	**amtiert**
konzentrieren	konzentrierte	**konzentriert**
deklinieren	**deklinierte**	**dekliniert**
ruinieren	**ruinierte**	ruiniert
kalkulieren	**kalkulierte**	**kalkuliert**
orientieren	orientierte	**orientiert**
korrigieren	**korrigierte**	**korrigiert**
kassieren	**kassierte**	kassiert
dokumentieren	**dokumentierte**	**dokumentiert**
konjugieren	konjugierte	**konjugiert**
musizieren	**musizierte**	musiziert
respektieren	**respektierte**	**respektiert**
kombinieren	**kombinierte**	kombiniert
exportieren	**exportierte**	**exportiert**
funktionieren	**funktionierte**	funktioniert

AB 21 SPRACHBAUSTEINE: Verben mit dem Suffix –ieren (2)

Ergänzen Sie ein passendes Verb aus AB 20 (Verben mit dem Suffix –ieren).

- einen Holzzaun lackieren
- viel Kraft und Zeit investieren
- die Hotelbuchung stornieren
- sich im Gelände orientieren
- sich für Flüchtlinge engagieren
- ein Diktat korrigieren
- ein Verb konjugieren
- mit Freunden zusammen musizieren
- sich gegenseitig akzeptieren
- über eine Problemlösung diskutieren
- versteckte Reserven aktivieren
- Erzeugnisse aus Deutschland exportieren
- sich seinen Ruf ruinieren
- deine Meinung akzeptieren
- auf die Kündigung des Arbeitgebers reagieren
- die Teile des Autos montieren
- die Entwicklung des Kindes dokumentieren
- mit den Kollegen in der Pause kommunizieren
- verschiedene Farben kombinieren
- eine Wochenzeitung abonnieren
- ein Nomen deklinieren
- den Mitgliedsbeitrag kassieren
- das kaputte Haushaltsgerät reklamieren
- als Präsident amtieren
- sich auf die Prüfungsaufgaben konzentrieren
- für den Umweltschutz demonstrieren
- die Preise kalkulieren
- einen Geburtstagstisch dekorieren
- einen YouTube-Kanal abonnieren
- einen Aufsatz strukturieren
- den Hausflur renovieren
- sich auf dem Arbeitsmarkt orientieren

Ergänzen Sie die fehlenden Wörter in den Spalten.

Verb	Nomen mit Artikel	Adjektiv
renovieren	*die Renovierung*	*renoviert*
strukturieren	**die Struktur**	strukturiert
dekorieren	die Dekoration	dekoriert
reklamieren	das Reklamieren	reklamiert
kommunizieren	**die Kommunikation**	kommunikationsfähig
stornieren	**die Stornierung**	**storniert**
investieren	**die Investition**	investierbar
demonstrieren	**die Demonstration**	demonstrierend
exportieren	**der Export**	**exportiert, exportbereit**
abonnieren	das Abonnement	**abonniert**
produzieren	**die Produktion**	produzierbar
aktivieren	**die Aktivität**	**aktiv, aktivierend**
akzeptieren	**die Akzeptanz**	**akzeptierbar**
reagieren	**die Reaktion**	reagierend
montieren	die Montage	**montiert**
amtieren	**das Amt**	amtierend
konzentrieren	**die Konzentration**	**konzentriert**
deklinieren	**die Deklination**	dekliniert
ruinieren	**der Ruin**	**ruiniert**
kalkulieren	die Kalkulation	**kalkuliert**
orientieren	**die Orientierung**	orientierungslos
korrigieren	**die Korrektur**	**korrigiert**
kassieren	das Kassieren, die Kasse	**kassiert**
dokumentieren	**die Dokumentation**	dokumentiert
konjugieren	**die Konjugation**	**konjugiert**
musizieren	**das Musizieren, die Musik**	musizierend
respektieren	der Respekt	**respektiert, respektierend**
kombinieren	**die Kombination**	**kombiniert, kombinierbar**
lackieren	**die Lackierung, der Lack**	lackierbar
funktionieren	**die Funktion**	funktionierend
diskutieren	die Diskussion	**diskutiert, diskutierend**
engagieren	**das Engagement**	engagiert

Finden Sie ein passendes Verb.

	wahrnehmen tragen gewinnen treffen sein
	erstellen tätigen erleben verzeichnen

- enttäuscht **sein**
- Verantwortung **tragen**
- unschuldig **sein**
- viel Zeit **gewinnen**
- einen Gewinn **verzeichnen**
- das Angebot **wahrnehmen**
- eine Entscheidung **treffen**
- wichtige Investitionen **tätigen**
- Abenteuer **erleben**
- Verluste **verzeichnen**
- eine Rechnung **erstellen**
- ein Wunder **erleben**
- eine Last **tragen**
- noch mehr Kunden **gewinnen**
- eine Inventarliste **erstellen**
- gewinnbringende Geschäfte **tätigen**
- gebildet **sein**
- die Klimaveränderung **wahrnehmen**
- die Hölle auf Erden **erleben**
- eine Schuld **tragen**
- einen Zuwachs **verzeichnen**
- einen Termin **wahrnehmen**
- ohne Perspektive **sein**
- Qualifizierungschancen **wahrnehmen**
- Freunde **gewinnen**
- ein Portfolio **erstellen**
- einen Rückgang der Unfalltoten **verzeichnen**
- die Unzufriedenheit der Mitarbeiter **wahrnehmen**
- geeignet **sein**
- sein Vertrauen **gewinnen**

Wählen Sie ein passendes Wort aus und füllen Sie die Textlücken.
Nicht alle Wörter finden Verwendung.

WEIL EINES DIE UNTER AUSSERDEM DENN WURDE DAMIT SODASS DEREN WORDEN VON JEDERMANN WEDER EINE KEINE WIRD UM

Haben Sie als Kind musiziert? Zu den ersten Spielzeuginstrumenten, die Kinder früher ausprobierten, gehörten die Trommel, die Triola oder die Mundharmonika. Die Mundharmonika war besonders beliebt, denn sie war klein, kostengünstig und unempfindlich. Man brauchte nur wenig Übung, **um** ein einfaches Liedchen spielen zu können. Über dieses kleine Instrument gibt es interessante Geschichten, **die** aber nicht alle belegt sind. Angeblich soll 1820 der Instrumenten-bauer Christian Friedrich Ludwig aus Friedrichroda in Thüringen die Mundharmonika als Arbeitsgerät zum Stimmen von Instrumenten erfunden haben. Lange Zeit scheint die Mundharmonika keine besondere Rolle in der Musikszene gespielt zu haben, **denn** es gab damals **weder** spezielle Patente für die Mundharmonika noch Informationen über dieses Instrument in den deutschsprachigen Zeitungen aus der Zeit von 1800 bis 1824. Belegt ist aber, dass 1823 der Klingenthaler Geigenbauer und Musikalienhändler Johann Georg Meisel auf der Braunschweiger Messe eine Mundharmonika erwarb. **Außerdem** gibt es Dokumente darüber, dass ab 1825 Mundharmonikas in Wien verkauft wurden und sich zu einem Modeartikel etablierten. Im Jahr 1843 **wurde** eine Mundharmonikafabrik in Wien gegründet. Der Siegeszug der Mundharmonika war nicht mehr aufzuhalten, **sodass** der Instrumentenbau innerhalb kürzester Zeit sehr große Stückzahlen erreichte. Heute ist die Mundharmonika **eines** der meistgebauten Instrumente und genießt in der Musikszene eine hohe Popularität. **Jedermann** kennt den Soundtrack zu dem Film *Spiel mir das Lied vom Tod* und die Melodien auf der Mundharmonika von Michael Hirte. In der Volksmusik und im Blues ist der Mundharmonikaspieler heute oft der Star **unter** den Musikern.

AB 25 SPRACHBAUSTEINE: Konjunktiv II

Ergänzen Sie passende Verbformen im Konjunktiv II.

sein haben werden gehen schreiben müssen können

Wir **hätten** eine Beschwerde schreiben sollen, da wir mit dem Verlauf der Reise sehr unzufrieden waren.

Wenn ich mich auf die Stelle beworben **hätte**, **würde** ich heute auch einen Dienstwagen fahren.

Wenn der Patient zur Untersuchung gekommen **wäre**, **hätte** der Arzt eine gründliche Diagnose machen können.

Du vermittelst den Eindruck, als ob dir beruflicher Erfolg egal **wäre**.

Ach, **wäre** ich doch motiviert, Spanisch zu lernen!

Wenn ich ein Buch schreiben **würde**, **schriebe** ich es über meine Heimat.

Hätte ich doch mehr Zeit zum Deutschlernen gehabt, dann **müsste** ich die B2-Prüfung nicht wiederholen.

Seine Freundin sieht so jung aus, als **ginge** sie noch zur Schule.

Ich habe das Gefühl, als ob mein Chef mir böse **wäre**.

Ein neues Auto **hätte** viele Vorteile, wir hätten mehr Platz für die Kinder und **könnten** mehr Lasten im Kofferraum transportieren.

Mein Kollege hatte das Gefühl, als **würde** er von den anderen Kollegen gemobbt.

Wenn du Interesse am Segelfliegen **hättest**, **könntest** du in unseren Verein eintreten.

Ich **würde** gern mein Hobby zum Beruf machen, wenn das möglich **wäre**.

Die Personalchefin sieht aus, als **ginge** ihr es nicht gut, denn sie ist ganz weiß im Gesicht.

Wenn mein Kollege freundlicher gewesen **wäre**, **hätte** ich ihm bei der Arbeit geholfen.

Könntest du mir bitte Kopierpapier geben, damit ich die Bestellungen ausdrucken kann?

Wenn ich an der Weiterbildung teilgenommen **hätt**, **wäre** ich jetzt besser qualifiziert.

Mustafa **würde** gern ein medizinisches Fachschulstudium absolvieren, wenn er die Sprachprüfung schafft.

Wenn Sie Ihre Bewerbungen früher geschrieben **hätten**, **wären** ihre Chancen größer gewesen.

Wenn ich im Ausland studieren **müsste**, **ginge** ich nach Frankreich, weil ich das Land liebe.

AB 26 SATZBAU: Modalsätze

1. Formulieren Sie die unterstrichenen Satzteile mithilfe eines Modalsatzes. Achten Sie bitte auf die Satzzeichen.

*Anstatt eines Wörterbuches benutzte er eine Übersetzungs-App. Er benutzte eine Übersetzungs-App, **anstatt** ein Wörterbuch zu benutzen.*

Ohne das Absolvieren der Fahrschule fuhr er Auto.
Er fuhr Auto, **ohne dass** er die Fahrschule absolvierte.

Durch das Lesen des Buches kam ihm eine geniale Idee.
Ihm kam eine geniale Idee, **indem** er das Buch las.
Dadurch, dass er das Buch las, kam ihm eine geniale Idee.

Ohne eine intensive Erforschung der Krankheit kann kein Impfstoff entwickelt werden. Es kann kein Impfstoff entwickelt werden, **ohne dass** man eine intensive Erforschung der Krankheit betreibt.

2. Ergänzen Sie die Modalsätze.

ohne … zu
Er ging zur Prüfung, **ohne** sich auf sie vor**zu**bereiten.

ohne dass
Er ging zur Prüfung, **ohne dass** er sich auf sie vorbereitete.

indem
Er bestand die Prüfung, **indem** er sich intensiv mit dem Prüfungsformat beschäftigte.

dadurch, dass
Dadurch, dass er sich intensiv mit dem Prüfungsformat beschäftigte, bestand er die Prüfung.

anstatt … zu
Er ging ohne Vorbereitung zur Prüfung, **anstatt** sich mit dem Prüfungsformat intensiv **zu** beschäftigen.

anstatt dass
Anstatt dass er Recherchen im Internet durchführte, suchte er stundenlang Informationen im Lexikon.

AB 27 SATZBAU: als

Beantworten Sie die „Wann?"- Fragen in einem Nebensatz mit „als". Verwenden Sie die vorgegebenen Antworten.

0	**Frage:** *Wann hast du Deutsch gelernt?* **Antwort:** *Ich kam 2018 nach Deutschland.*
0	*Ich habe Deutsch gelernt, **als** ich 2018 nach Deutschland kam.*
0	***Als** ich 2018 nach Deutschland kam, habe ich Deutsch gelernt.*
1	**Frage:** Wann reagierte der Mitarbeiter verärgert? **Antwort:** Der Mitarbeiter wurde vom Chef kritisiert.
1	**Als** der Mitarbeiter vom Chef kritisiert wurde, reagierte er verärgert.
1	Der Mitarbeiter reagierte verärgert, **als** er vom Chef kritisiert wurde.
2	**Frage:** Wann konnte die Maschine repariert werden? **Antwort:** Der Reparaturservice kam endlich nach einer Woche.
2	**Als** der Reparaturservice endlich nach einer Woche kam, konnte die Maschine repariert werden.
2	Die Maschine konnte repariert werden, **als** der Reparaturservice endlich nach einer Woche kam.
3	**Frage:** Wann kam Jeff Bezos, dem Gründer von Amazon, die Idee zu einem Online-Buchhandel? **Antwort:** Er arbeitete bei einer Vermögensverwaltung in New York.
3	**Als** Jeff Bezos, der Begründer von Amazon, bei einer Vermögensverwaltung in New York arbeitete, kam ihm die Idee zu einem Online-Buchhandel.
3	Jeff Bezos, dem Begründer von Amazon, kam die Idee zu einem Online-Buchhandel, **als** er bei einer Vermögensverwaltung in New York arbeitete.
4	**Frage:** Wann hat sich Mustafa entschieden, seine Freizeit ohne Computerspiele zu verbringen? **Antwort:** Ihm waren die Gefahren einer Spielsucht bekannt.
4	**Als** Mustafa die Gefahren einer Spielsucht bekannt waren, hat er sich entschieden, seine Freizeit ohne Computerspiele zu verbringen.
4	Mustafa hat sich entschieden, seine Freizeit ohne Computerspiele zu verbringen, **als** er ihm die Gefahren einer Spielsucht bekannt waren.

AB 28 SATZBAU: als

Verbinden Sie bitte die Sätze mit der Konjunktion „als".

Der Tourist wollte ein Foto von der Kirche schießen. Es fing zu regnen an.

Als der Tourist ein Foto von der Kirche schießen wollte, fing es zu regnen an.

Es fing zu regnen an, als der Tourist ein Foto von der Kirche schießen wollte.

Die Zeremonie begann im Rathaus. Sein Bruder fehlte aufgrund der Zugverspätung.

Als die Zeremonie im Rathaus begann, fehlte sein Bruder aufgrund der Zugverspätung.

Sein Bruder fehlte aufgrund der Zugverspätung, als die Zeremonie im Rathaus begann.

Er verstieß gegen die Regeln. Er wurde für das nächste Fußballspiel gesperrt.

Als er gegen die Regeln verstieß, wurde er für das nächste Fußballspiel gesperrt.

Er wurde für das nächste Fußballspiel gesperrt, als er gegen die Regeln verstieß.

Der Polizist öffnete den Koffer und begutachtete die Ware. Ihm stieg ein beißender Geruch in die Nase.

Als der Polizist den Koffer öffnete und die Ware begutachtete, stieg ihm ein beißender Geruch in die Nase.

Dem Polizisten stieß ein beißender Geruch in die Nase, als er den Koffer öffnete und die Ware begutachtete.

Herr Schuster beklagte sich bei seinem Chef über Stress und Überlastung am Arbeitsplatz. Der Chef reagierte verärgert.

Als Herr Schuster sich bei seinem Chef über Stress und Überlastung am Arbeitsplatz beklagte, reagierte der Chef verärgert.

Der Chef reagierte verärgert, als Herr Schuster sich bei ihm über Stress und Überlastung am Arbeitsplatz beschwerte.

Frau Veltus hat die Leitung der Personalabteilung übernommen. Das Arbeitsklima veränderte sich positiv.

Als Frau Veltus die Leitung der Personalabteilung übernommen hat, veränderte sich das Arbeitsklima positiv.

Das Arbeitsklima veränderte sich positiv, als Frau Veltus die Leitung der Personalabteilung übernommen hat.

AB 29 SATZBAU: bevor/ ehe

Verbinden Sie die Sätze.

0	*Meine Freundin studierte Erziehungswissenschaften. Sie machte ein Praktikum im Kindergarten.*
0	*Bevor meine Freundin Erziehungswissenschaften studierte, machte sie ein Praktikum im Kindergarten.*
0	*Meine Freundin machte ein Praktikum im Kindergarten, bevor sie studierte.*
1	**Herr Muster möchte mit dem Vermieter sprechen. Er unterzeichnet den Mietvertrag für die Geschäftsräume.**
1	Bevor Herr Muster den Mietvertrag für die Geschäftsräume unterzeichnet, möchte er mit dem Vermieter sprechen.
1	Herr Muster möchte mit dem Vermieter sprechen, bevor er den Mietvertrag für die Geschäftsräume unterzeichnet.
2	**Der Maler kann mit der Renovierung des Gebäudes beginnen. Die Möbel müssen ins Lager gebracht werden.**
2	Ehe der Maler mit der Renovierung des Gebäudes beginnen kann, müssen die Möbel ins Lager gebracht werden.
2	Die Möbel müssen ins Lager gebracht werden, ehe der Maler mit der Renovierung beginnen kann.
3	**Die Familie kauft ein Eigenheim. Sie sollte die Vor- und Nachteile eines Hauskaufes abwägen.**
3	Bevor die Familie ein Eigenheim kauft, sollte sie die Vor- und Nachteile eines Hauskaufes abwägen.
3	Die Familie sollte die Vor- und Nachteile eines Hauskaufes abwägen, bevor sie ein Eigenheim kauft.
4	**Man startet ein Crowdfunding- Projekt. Man braucht eine gute Idee für ein Crowdfunding-Projekt.**
4	Ehe man ein Crowdfunding-Projekt startet, braucht man eine gute Idee für ein Crowdfunding-Projekt, um erfolgreich zu sein.
4	Man braucht eine gute Idee für ein Crowdfunding-Projekt, ehe man es startet.

Verbinden Sie bitte die Sätze.

0	*Er hatte über die Folgen seiner Kündigung nachgedacht. Er machte sich große Sorgen um seine Familie.*
0	*Nachdem er über die Folgen seiner Kündigung nachgedacht hatte, machte er sich große Sorgen um seine Familie.*
0	*Er machte sich große Sorgen um seine Familie, nachdem er über seine Kündigung nachgedacht hatte.*
1	**Er hat den Angelschein erworben. Nun wird er eine Bootstour mit seinen Freunden machen.**
1	**Nachdem er den Angelschein erworben hat, wird er eine Bootstour mit seinen Freunden machen.**
1	Er wird eine Bootstour mit seinen Freunden machen, **nachdem** er den Angelschein erworben hat.
2	**Er hatte das Buch in seine Muttersprache übersetzt. Er schickte es an einen Verlag.**
2	**Nachdem er das Buch in seine Muttersprache übersetzt hatte, schickte er es an einen Verlag.**
2	Er schickte das Buch an einen Verlag, **nachdem** er es in seine Muttersprache übersetzt hatte.
3	**Die Ärztin schickte den Patienten zum Röntgen. Vorher hatte er ihr von seinen Rückenproblemen berichtet.**
3	**Nachdem** der Patient der Ärztin von seinen Rückenproblemen berichtet hatte, schickte sie ihn zum Röntgen.
3	Die Ärztin schickte den Patienten zum Röntgen, **nachdem** er ihr von den Rückenproblemen berichtet hatte.
4	**Der Meteorologe hatte minutenlang die Wetterereignisse der letzten Tage erklärt. Dann kommentierte er die aktuelle Wettersituation.**
4	**Nachdem** der Meteorologe minutenlang die Wetterereignisse der letzten Tage erklärt hatte, kommentierte er die aktuelle Wettersituation.
4	Der Meteorologe kommentierte die aktuelle Wettersituation, **nachdem** er minutenlang die Wetterereignisse der letzten Tage erklärt hatte.

Verbinden Sie bitte die Sätze.

Die Frauen bereiteten in der Küche das Festessen zu. Die Männer transportierten Stühle und Tische in den Garten.
Während die Frauen das Festessen zubereiteten, transportierten die Männer Stühle und Tische in den Garten.
Die Männer transportierten Stühle und Tische in den Garten, **während** die Frauen das Festessen zubereiteten.
Die Untersuchungen sind noch nicht abgeschlossen. Wir führen die Operation nicht durch.
Solange die Untersuchungen nicht abgeschlossen sind, führen wir die Operation nicht durch.
Wir führen die Operation nicht durch, **solange** die Untersuchungen nicht abgeschlossen sind.
Thomas kümmert sich um die Versorgung der Gäste mit Getränken. Nina dekoriert die Tische mit frischen Blumengestecken.
Während Thomas sich um die Versorgung der Gäste mit Getränken kümmert, dekoriert Nina die Tische mit frischen Blumengestecken.
Nina dekoriert die Tische mit frischen Blumengestecken, **während** Thomas sich um die Versorgung der Gäste mit Getränken kümmert.
Wir suchen nach dem Fehler im System. Du kochst bitte einen starken Kaffee.
Solange wir nach dem Fehler im System suchen, kochst du bitte einen starken Kaffee.
Du kochst bitte einen starken Kaffee, **solange** wir nach dem Fehler im System suchen.
Die Unfallstelle ist von der Polizei noch nicht freigegeben. Alle Fahrzeuge müssen die Umleitung durch die Stadt nehmen.
Solange die Unfallstelle von der Polizei noch nicht freigegeben ist, müssen alle Fahrzeuge die Umleitung durch die Stadt nehmen.
Alle Fahrzeuge müssen die Umleitung durch die Stadt nehmen, **solange** die Unfallstelle von der Polizei noch nicht freigegeben ist.

Ergänzen Sie den Nebensatz.

Vokabeln muss man lernen.

*Sie weiß, **dass** man Vokabeln lernen muss.*

Während der Pause hat er mit seinem Meister gesprochen.
Der Kollege hat beobachtet, dass er während der Pause mit seinem Meister gesprochen hat.

Nach der Pandemie können wir hoffentlich wieder mit Freunden unbeschwert feiern.
Ich freue mich darauf, dass wir hoffentlich nach der Pandemie wieder mit Freunden unbeschwert feiern können.

Wir könnten doch einen Ausflug auf die Wartburg nach Eisenach machen.
Bezüglich des Betriebsausfluges schlage ich vor, dass wir doch einen Ausflug auf die Wartburg nach Eisenach machen könnten.

Im Interesse einer Kundenzufriedenheit bemühen wir uns um eine schnelle Bearbeitung aller Kundenbeschwerden.
Es ist notwendig, dass wir uns im Interesse einer Kundenzufriedenheit um eine schnelle Bearbeitung aller Kundenbeschwerden bemühen.

Wegen der Lieferverzögerung möchte der Kunde vom Kaufvertrag zurücktreten.
Ich habe gehört, dass der Kunde wegen der Lieferverzögerung vom Kaufvertrag zurücktreten möchte.

Für meine Bewerbung sollte ich meine Qualifikationen übersetzen und anerkennen lassen.
Mein Ausbilder sagt, dass ich meine Qualifikationen übersetzen und anerkennen lassen sollte.

Vervollständigen Sie den Nebensatz.

Wenn die Sonne schein, (dann) tut das meiner Seele gut.

Ich verbessere meine Berufschancen, **wenn** ich eine Ausbildung absolviere.

Meine Arbeitsleistung ist am besten, **wenn** ich ausgeschlafen bin.

Ich schreibe eine Bewerbung, **wenn** alle Dokumente beglaubigt sind.

Wenn der Chef mich nach meiner Qualifikation fragt, schicke ich ihn in die Personalabteilung, um meine Personalakte zu lesen.

Wenn ich eine attraktive Arbeit in Deutschland finde, werde ich für immer in diesem Land bleiben.

Wenn ich einen Führerschein für meinen Job brauche, muss ich doch die Fahrschule besuchen.

Ich kann mir vorstellen, eine Weiterbildung zu absolvieren, **wenn** sie vom Arbeitgeber finanziert wird.

Ich würde auf keinen Fall Überstunden akzeptieren, **wenn** ich am Wochenende arbeiten muss.

Wenn die Arbeit an manchen Tagen stressig ist, brauche ich meinen Sport zum Ausgleich.

Das Betriebsklima ist wohl in Ordnung, **wenn** sich kein Mitarbeiter beim Betriebsrat beschwert.

Beenden Sie die Kausalsätze.

Ich habe keine Zeit, **denn** ich absolviere gerade ein Fernstudium in meiner Freizeit.

Gestern war ich beim Betriebsarzt, **denn** das gehört zum Einstellungsverfahren.

Sie fragte in der Buchhaltung nach, **denn** dort war er zuletzt gewesen.

Er verabredete sich mit der neuen Kollegin, **denn** er fand sie sehr sympathisch.

Der LKW musste vor der Lagerhalle entladen werden, **denn** in der Lagerhalle war dafür kein Platz.

Die Kollegen waren zufrieden, **denn** die Firma zahlte ein gutes Gehalt.

Sie diskutierten heftig über den Arbeitsschutz, **denn** gestern gab es einen Arbeitsunfall.

Sie kümmerten sich um einen Termin in der Personalabteilung, **denn** sie wollten Fortbildungsmöglichkeiten informieren.

Leider konnten wir den Computer heute nicht benutzen, **denn** ein IT-Fachmann installiert heute neue Programme.

An der Weiterbildung kann ich leider nicht teilnehmen, **denn** mein Kind ist erkrankt.

Bitte rufen Sie den Chef an, **denn** in der Werkstatt gab es einen Unfall.

Ich würde mich gern selbständig machen, **denn** ich möchte eigenverantwortlich arbeiten.

Leider muss ich mich beschweren, **denn** mit dem Service des Schlüsseldienstes war ich nicht zufrieden.

Verbinden Sie die Sätze, indem Sie die Konjunktion „denn" benutzen.

Am Montag fahre ich nach Dresden. Ich habe dort eine Fachkonferenz.

*Am Montag fahre ich nach Dresden, **denn** ich habe dort eine Fachkonferenz.*

Der Kopierer ist wahrscheinlich kaputt. Der Kopierer druckt fehlerhaft.

Der Kopierer war wahrscheinlich kaputt, **denn** er druckt fehlerhaft.

Auf der Baustelle findet man viele Hinweisschilder. Die Schilder dienen dem Arbeitsschutz und sollen Unfälle vermeiden.

Auf der Baustelle findet man viele Hinweisschilder, **denn** sie dienen dem Arbeitsschutz und sollen Unfälle vermeiden.

Die Ärztin kann den Patienten nicht operieren. Der Patient hat reichlich gefrühstückt.

Die Ärztin kann den Patienten nicht operieren, **denn** der Patient hat reichlich gefrühstückt.

Die Autobahn wurde für viele Stunden gesperrt. Auf der Autobahn gab es einen Auffahrunfall mit Personenschaden.

Die Autobahn wurde für viele Stunden gesperrt, **denn** auf der Autobahn gab es einen Auffahrunfall mit Personenschaden.

Diese Leute sprechen kein Deutsch. Sie sind erst vor einer Woche nach Deutschland gekommen.

Diese Leute sprechen kein Deutsch, **denn** sie sind erst vor einer Woche nach Deutschland gekommen.

Beenden Sie die kausalen Nebensätze.

Ich habe keine Zeit, **denn** ich muss heute arbeiten.

Gestern war ich im Krankenhaus, **denn** mein Freund hatte eine komplizierte Operation.

Deine Wohnung gefällt mir, **denn** sie ist sehr modern eingerichtet und trifft genau meinen Geschmack.

Er besuchte am Nachmittag die Ausstellung, **denn** vormittags musste er seine Kinder betreuen.

Der kranke Mann ging nicht zum Arzt, **denn** er wollte lieber ein pflanzliches Hausmittel ausprobieren.

Heute muss ich mit dem Bus zum Kurs fahren, **denn** infolge der Bauarbeiten auf der Strecke wurde der Zugverkehr eingestellt.

Der Kollege sprach in der Mittagspause mit dem Chef, **denn** er wollte einen Tag Sonderurlaub beantragen.

Der LKW fuhr langsam, **denn** er war schwer beladen.

Wir können den Computer nicht benutzen, **denn** er ist passwortgeschützt.

Der Außendienstmitarbeiter kündigte seinen Job, **denn** er wollte mehr Zeit mit seiner Familie verbringen.

Die Touristen konnten leider die Sehenswürdigkeiten der Stadt nicht besichtigen, **denn** die Reiseroute wurde kurzfristig geändert.

Ich habe mich nicht gewundert, dass er die Sprachprüfung nicht geschafft hat, **denn** er zeigte nie Interesse für den Deutschkurs.

Herr Schuster hat sich nicht auf die Stellenanzeige in der Zeitung beworben, **denn** sie passte nicht zu seinem Persönlichkeitsprofil.

Ich gehe jetzt nach Hause, **denn** in einer halben Stunde kommt der Handwerker, der die Heizung repariert.

Meine Tochter wollte in ihrem Zimmer nicht gestört werden, **denn** sie plant eine große Überraschung für ihren Bruder.

Die Kollegen trafen sich am Freitag nach dem Feierabend im Restaurant, **denn** sie wollten einen gemeinsamen Ausflug nach Weimar vorbereiten.

1. Verbinden Sie die Sätze mit der Konjunktion „aber".

Ich mache Sport nicht gern. Sport ist gut für die Gesundheit.

Ich mache Sport nicht gern, **aber** *er ist gut für die Gesundheit.*

Die Ärztin hat den Patienten untersucht. Sie hat nichts gefunden.

Die Ärztin hat den Patienten besucht, **aber** (sie hat) nichts gefunden.

Es macht große Freude, den Kindern beim Tanzen zuzusehen. Leider habe ich dafür keine Zeit.

Es macht große Freude, den Kindern beim Tanzen zuzusehen, **aber** leider habe ich dafür keine Zeit.

Ich werde dich finanziell unterstützen. Du solltest auch in den Ferien arbeiten und etwas Geld sparen.

Ich werde dich finanziell unterstützen, **aber** du solltest auch in den Ferien arbeiten und etwas Geld sparen.

Leider habe ich keinen Schulabschluss. Mein Wunsch ist es, eine Ausbildung als Mechaniker zu machen.

Mein Wunsch ist es, eine Ausbildung als Mechaniker zu machen, **aber** leider habe ich keinen Schulabschluss.

2. Beenden Sie die Sätze.

Während des Urlaubs habe ich eine Diät ausprobiert, **aber** trotzdem habe ich nicht an Gewicht verloren.

Am gestrigen Abend gab es einen schweren Unfall auf der A7, **aber** glücklicherweise gab es keinen Personenschaden.

Der IT-Fachmann repariert den Computer im Büro seit mehreren Stunden, **aber** leider kann er den Fehler nicht finden.

Ich habe mich auf die ausgeschriebene Stelle beworben, **aber** bis heute habe ich keine Reaktion darauf erhalten.

Mit Ihrem Service im Hotel war ich sehr zufrieden, **aber** die Ausflüge waren schlecht organisiert.

Wir können noch schnell einen Kaffee zusammen trinken, **aber** dann muss ich gehen, weil ich noch einen wichtigen Termin in der Firma wahrnehmen muss.

Ich würde gern eine andere Arbeitsstelle suchen, **aber** leider finde ich keine geeigneten Angebote.

Verbinden Sie die Sätze, indem Sie die Konjunktion „aber" benutzen.

Meine Kollegen lehnen eine Arbeit am Wochenende ab. Überstunden an Wochentagen sind für sie kein Problem.

Meine Kollegen lehnen eine Arbeit am Wochenende ab, **aber** *Überstunden an Wochentagen sind für sie kein Problem.*

Ich habe gehört, dass Sie die Ware bestellt haben. Ich habe keinen Bestellschein gefunden.

Ich habe gehört, dass Sie die Ware bestellt haben, **aber** ich habe keinen Bestellschein gefunden.

Vom Jobcenter erhält der Mann eine finanzielle Unterstützung. Er muss sich schnell um eine Arbeitsaufnahme bemühen.

Vom Jobcenter erhält der Mann eine finanzielle Unterstützung, **aber** er muss sich schnell um eine Arbeitsaufnahme bemühen.

Während der Wartungsarbeiten können sie nicht an den Maschinen arbeiten. Sie könnten inzwischen im Büro Ordnung schaffen.

Während der Wartungsarbeiten können sie nicht an den Maschinen arbeiten, **aber** sie könnten inzwischen im Büro Ordnung machen.

Der neue Kollege verfügt über keinen Berufsabschluss. Er hat viel Berufserfahrung in der Dienstleistungsbranche.

Der neue Kollege verfügt über keinen Berufsabschluss, **aber** er hat viel Berufserfahrung in der Dienstleistungsbranche.

Schreiben Sie Nebensätze mit Konjunktionen.

Ich besuchte einen Deutschkurs, **damit ich die deutsche Sprache erlernen konnte.**

Ich besuche einen Deutschkurs, **weil ich die deutsche Sprache erlernen möchte.**

Ich besuche einen Deutschkurs, **obwohl ich mich schon gut auf Deutsch unterhalten kann.**

Ich besuche einen Deutschkurs, **sobald ich Zeit dafür habe.**

Ich besuche einen Deutschkurs, **wenn meine Kinder in den Kindergarten gehen.**

Ich besuche einen Deutschkurs, **da ich ein gutes Deutsch für meinen Job brauche.**

Ich besuche einen Deutschkurs, **während du auf die Kinder aufpasst.**

Ich besuche einen Deutschkurs, **bevor ich mich um diese Arbeitsstelle bewerbe.**

Ich besuche einen Deutschkurs, **obgleich ich auch Deutsch im Internet lernen kann.**

Ich besuche einen Deutschkurs, **falls ich doch in Deutschland leben will.**

Ich besuchte einen Deutschkurs, **nachdem ich nach Deutschland gekommen war.**

Ich besuche einen Deutschkurs, **solange ich noch keine Arbeit gefunden habe.**

Ich besuche einen Deutschkurs, **bis ich mein Deutsch verbessert habe.**

AB 40 SATZBAU: Präpositionaladverbien
Formulieren Sie die Sätze um, indem Sie *Präpositionaladverbien* verwenden.
Der Text *dient zu*m Üben des Wortschatzes.
Der Text dient ***dazu***, den Wortschatz zu üben.
Die Erziehung kann einen großen Einfluss auf die Entwicklung eines Kindes haben.
Die Erziehung kann einen großen Einfluss darauf haben, wie sich ein Kind entwickelt.
Der Lehrer rät zu einer gründlichen Prüfungsvorbereitung.
Der Lehrer rät dazu, sich gründlich auf die Prüfung vorzubereiten.
Das Bestehen der Prüfung ist abhängig von deinem Fleiß und Engagement im Sprachkurs.
Das Bestehen der Prüfung ist davon abhängig, wie groß dein Fleiß und Engagement im Sprachkurs ist.
Die Eltern sind stolz auf das Bestehen der Abschlussprüfung ihres Sohnes.
Die Eltern sind stolz darauf, dass ihr Sohn die Abschlussprüfung bestanden hat.
Sein Modebewusstsein zeigt sich in der Auswahl seiner Kleidung.
Sein Modebewusstsein zeigt sich darin, welche Kleidung er auswählt.
In seinem neusten Buch schrieb er über die Folgen des Krieges in seiner Heimat.
In seinem neusten Buch schrieb er darüber, welche Folgen der Krieg in seiner Heimat hatte.
Mein Kollege irrte sich in der Einschätzung der Situation.
Meine Kollege irrte sich darin, wie er die Situation einschätzte.
Klara erhoffte sich von ihrem Vorgesetzten ein Feedback zur Durchführung des Seminars.
Klara erhoffte sich von ihrem Chef ein Feedback dazu, wie das Seminar durchgeführt wurde.
Bei dieser Übung geht es um die Beweglichkeit der Hände.
Bei dieser Übung geht es darum, wie beweglich die Hände sind.
In der Pause sprechen die Kollegen über die Kosten der Dienstreise
In der Pause sprechen die Kollegen darüber, was die Dienstreise kostet.
Deine Leistungseinschätzung sollte sich durch Objektivität auszeichnen.
Deine Leistungseinschätzung sollte sich dadurch auszeichnen, dass sie objektiv ist.

Formulieren Sie den BETREFF.	
SCHREIBANLASS	**BETREFF**
Sie möchten vielleicht an einem Talentwettbewerb teilnehmen und brauchen noch wichtige Informationen.	Bitte <u>um</u> Informationen zum Talentwettbewerb
Sie haben Ihr Badezimmer renovieren lassen und waren leider nicht mit der Arbeit des Handwerkers zufrieden.	Beschwerde über die Arbeit der Handwerker Beschwerde über Mängel bei der Badrenovierung
Sie haben an einer Busreise teilgenommen, aber der Verlauf der Reise entsprach nicht Ihren Erwartungen.	Beschwerde über den Verlauf der Busreise
Sie haben in einem Online-Shop eine Kamera bestellt, jedoch wurde Ihnen ein falsches Modell geliefert.	Reklamation der Kamera Falsche Lieferung
Sie haben am Bewerbungscoaching teilgenommen, doch die Veranstaltung war nicht zufriedenstellend.	Beschwerde über die Qualität des Bewerbungscoachings Beschwerde über die Durchführung des Bewerbungscoachings Beschwerde über das Bewerbungscoaching
Sie möchten sich ehrenamtlich in einem Verein engagieren. Doch bevor Sie Mitgliedschaft werden, benötigen Sie noch einige Auskünfte zur Vereinstätigkeit.	Auskünfte zum Verein Bitte um Informationen zur Vereinstätigkeit
Ihr Wunsch ist es, ein Praktikum bei einem Fahrzeughersteller zu absolvieren, da Sie sich für technische Berufe interessieren. Sie möchten wissen, ob ein Praktikum möglich ist und welche Anforderungen an einen Praktikanten bzw. an eine Praktikantin gestellt werden.	Bitte um Informationen zum Absolvieren eines Praktikums Anfrage zum Praktikum Informationen zu den Bewerbungsmodalitäten für ein Praktikum
Sie haben Ihren Führerschein bei der Fahrschule SCHOLLER erworben, waren aber mit dem theoretischen Unterricht nicht zufrieden.	Beschwerde über die Durchführung der Fahrschule Beschwerde über Ihre Fahrschule
Sie haben online mehrere Möbelstücke gekauft, aber die Möbel hatten Mängel, sodass Sie sie reklamieren müssen.	Reklamation der Möbel Beschwerde über Online-Möbelkauf

Situation:
Sie beschweren sich, weil das Bewerbungstraining nicht gut war.

Vervollständigen Sie die Sätze.

Anlass meiner Beschwerde sind Mängel bei der Durchführung des Bewerbungstrainings.

Aufgrund einiger Mängel während des Bewerbungstrainings möchte ich mich beschweren.

Während des Bewerbungstrainings gab es leider einige Mängel.

Da meine Erwartungen bezüglich Ihres Bewerbungstrainings nicht erfüllt wurden, sehe ich mich veranlasst, mich zu beschweren.

Es war unerfreulich, dass Ihr Bewerbungstraining meine Erwartungen nicht erfüllt hat.

Ich hätte nicht erwartet, dass ihr Bewerbungstraining so viele Mängel hat.

Ihr Angebot fand ich sehr interessant, aber leider war das absolvierte Bewerbungstraining ein Reinfall.

Ihre Anzeige machte mich neugierig, aber leider hat Ihr Bewerbungstraining meine Erwartungen nicht erfüllt.

Ich hatte mir vorgestellt, dass Ihr Bewerbungstraining mir wertvolle Tipps und Hinweise für meine Bewerbung vermittelt.

Als ich Ihre Anzeige las, war ich begeistert, aber leider war Ihr Bewerbungstraining eine Enttäuschung.

Hinsichtlich Ihres Bewerbungstrainings muss ich Ihnen leider mitteilen, dass es keinesfalls meinen Erwartungen entsprach.

Obwohl Ihr Bewerbungstraining eine gute Erfahrung war, muss ich Ihnen mitteilen, dass ich das Verhalten Ihres Dozenten gegenüber den Teilnehmern als sehr unangenehm empfunden habe.

Einerseits war Ihr Bewerbungstraining eine positive Erfahrung, andererseits muss ich mich aber über Herrn Schmidt beschweren.

AB 43 SCHREIBEN: **sich beschweren** (besser formulieren)

Formulieren Sie die negative Aussage auf B2-Niveau.

Das Essen war schlecht.

B2: Leider muss ich Ihnen mitteilen, dass das Essen nicht meinen Erwarten entsprach./ Die Qualität der Speisen war so schlecht, dass man sie nicht mit Genuss verzehren konnte./ Mit der Zubereitung der Speisen war ich nicht zufrieden, da sie nicht schmeckten. Das bezeugten auch die vollen Teller meiner Gäste nach den Mahlzeiten./ Ich möchte mich bei Ihnen beschweren, da die zubereiteten Speisen von schlechter Qualität waren.

Der Handwerker hatte keine Ahnung.

Grund meiner Beschwerde ist die mangelnde Fachkompetenz Ihres Handwerkers./ Ihrem Handwerker fehlten die Fertigkeiten und Fähigkeiten, die man für eine qualitätsgerechte Arbeit benötigt./ Leider war der Handwerker nicht in der Lage, die Arbeit fachgerecht und ohne Mängel auszuführen.

Der Online-Sprachkurs war eine Katastrophe.

Grund meiner Beschwerde war die schlechte Durchführung des Online-Sprachkurses. Die Unterrichtseinheiten waren schlecht strukturiert und es gab auch erhebliche technische Mängel während des virtuellen Unterrichts./ Ich beschwere mich, weil meine Erwartungen bezüglich Ihres Online-Sprachkurses nicht erfüllt wurden. / Es war sehr ärgerlich, dass ich Ihr Online-Sprachkurs nicht an den Bedürfnissen der Lerner orientierte./ Ihr Sprachkurs ist nicht empfehlenswert, denn er wies erhebliche Mängel hinsichtlich eines effektiven Spracherwerbs auf.

Die Reise hat mir nicht gefallen.

Während meiner Reise erlebte ich einige Unannehmlichkeiten, die mein Wohlbefinden stark beeinträchtigten. Aus diesem Grund möchte ich mich beschweren. / Obwohl ich die schönen Erlebnisse der Reise nicht missen möchte, muss ich auf einige Mängel im Hotel hinweisen./ Einerseits danke ich Ihnen für die schöne Reise, andererseits gibt es aber auch Grund zur Beschwerde. / Die Organisation und Durchführung der Reise entsprachen nicht meinen Erwartungen.

Die gelieferte Kamera war falsch.

Leider muss ich Ihnen mitteilen, dass die gelieferte Kamera nicht dem bestellten Model entsprach./ Leider wurde mir ein falsches Model der Kamera geliefert. / Die gelieferte Kamera entsprach nicht meiner Bestellung./ Grund für die Reklamation ist das Model der Kamera, das nicht meinem Kundenwunsch entsprach.

AB 44 SCHREIBEN: **sich beschweren** (Sätze ergänzen)

Ergänzen Sie Sätze.

Die Bremsen des Fahrrades funktionierten schlecht. <u>Deshalb</u> konnte die geplante Fahrradtour nicht stattfinden, weil ich mich und die anderen Verkehrsteilnehmer nicht gefährden wollte.

Bei der Organisation und Durchführung des Kurses gab es große Mängel. <u>Darum</u> möchte ich mich bei Ihnen beschweren und Ihnen mitteilen, was ich für unakzeptabel halte. Während des Unterrichtes durften die Teilnehmer mit dem Handy telefonieren, sodass der Unterrichtsverlauf oft gestört wurde. Außerdem gab es während des Unterrichtes kaum Sprechphasen. Das war sehr bedauerlich, denn die Kommunikation im Team war mir besonders wichtig.

Ich freute mich auf ein Intensivtraining mit erfahrenen Trainern, <u>doch</u> anstelle dieser unterrichteten uns zwei Studenten, die sehr unsicher auftraten. Da der Unterricht wenig strukturiert war und viele Fragen unbeantwortet blieben, war der Frust unter den Teilnehmern groß.

Das gelieferte Fahrrad entsprach nicht meinem Kundenwunsch, <u>sodass</u> ich es reklamieren möchte. Bitte schicken Sie mir das bestellte Fahrrad innerhalb der nächsten zwei Wochen, da ich zu Beginn des neuen Monats einen Campingausflug mit meiner Familie plane, bei dem wir eine Fahrradtour machen wollen.

Der Mitarbeiter der Umzugsfirma hatte keine Erfahrung mit dem Aufbau der Möbel. <u>Deswegen</u> arbeitete er ohne Plan und benötigte unangemessen viel Zeit für die Montage der Möbel. Man hatte den Eindruck, dass er mit dem Gebrauch seiner Werkzeuge nicht vertraut war.

Der Fahrlehrer war unfreundlich und hatte keine Lust, meine Fragen zu beantworten. <u>Aus diesem Grund</u> schreibe ich Ihnen und möchte mich beschweren. Ein guter Fahrlehrer sollte auf seinen Fahrschüler eingehen und bereitwillig Fragen beantworten, damit der Fahrschüler schnell lernen kann. Ihr Fahrlehrer wirkte, als ob er von seiner Tätigkeit genervt wäre.

Unsere Unterkunft war zwar sauber und komfortabel, <u>aber</u> leider waren die Ausflüge während der Reise schlecht organisiert. Der Reisebus kam nicht nur immer mit Verspätung im Hotel an, sondern der Busfahrer hatte auch große Probleme, den Weg zum Ausflugziel zu finden. Mehrfach hatte er sich verfahren, sodass uns wertvolle Urlaubszeit verloren ging.

Ihre Versicherungsgesellschaft hat sich nicht um die Schadensregulierung gekümmert, <u>obwohl</u> das laut Ihrer Anzeige der Fall sein sollte. Darum beschwere ich bei Ihnen und bitte um eine Lösung des Problems. Ich erwarte, dass Sie mich in den nächsten Tagen kontaktieren und mir einen Lösungsvorschlag unterbreiten.

AB 45 SCHREIBEN: sich beschweren (Sätze ergänzen)

Ergänzen Sie die Sätze.

(Kundenservice nie erreichbar)
Die Erfahrungen mit Ihrer Versicherungsgesellschaft waren enttäuschend, weil Ihr telefonischer Kundenservice nie erreichbar war.

(unerfahrene Dozenten)
Es war nicht gut, dass unerfahrene Dozenten den Fahrschulunterricht übernommen haben.

(fehlende Information über die Absage des Konzertes)
Es war unakzeptabel, dass Sie mich nicht über die Absage des Konzertes informiert haben.

(keine Videoaufzeichnungen der Vorstellungsgespräche während des Bewerbungscoachings)
Obwohl ich während des Bewerbungscoachings viele wertvolle Tipps für meine Bewerbung erhalten habe, bin ich trotzdem enttäuscht, denn es wurden keine Videoaufzeichnungen der Vorstellungsgespräche während des Bewerbungstrainings gemacht.

(unerfüllte Erwartungen nach der Lektüre der Anzeige)
Anlass für meine Beschwerde ist, dass meine Erwartungen nach Lektüre der Anzeige nicht erfüllt wurden.

(Beschädigung der Tür durch Mitarbeiter des Schlüsseldienstes)
Ich finde es sehr bedauerlich, dass die Tür durch Mitarbeiter des Schlüsseldienstes beschädigt wurde.

(geplante Hafenrundfahrt entfiel)
Bedauerlicherweise entfiel die geplante Hafenrundfahrt.

AB 46 SATZBAU: sich beschweren (**Infinitiv mit zu**)

1. Schreiben Sie einen Satz mit einem *Infinitiv mit zu*.

das Konzert meiner Lieblingsband besuchen
*Ich freute mich, das Konzert meiner Lieblingsband **zu besuchen**.*

eine Geräteversicherung abschließen
Ich dachte, dass es vorteilhaft wäre, eine Geräteversicherung abzuschließen.

am Auslandsprojekt teilnehmen
Ich freute mich, am Auslandsprojekt teilzunehmen.

sich um die Organisation des Abschlussfestes kümmern
Es war Ihre Aufgabe, sich um die Organisation des Abschlussfestes zu kümmern.

eine geeignete Lösung finden
Ich denke, dass es Ihre Aufgabe ist, eine geeignete Lösung zu finden.

kompetente Trainer beschäftigen
Es wäre gut, kompetente Trainer zu beschäftigen.

mich heute Abend anrufen
Ich schlage vor, mich heute Abend anzurufen.

die Funktionen Ihrer App verbessern
Ich möchte Ihnen vorschlagen, die Funktionen Ihrer App zu verbessern.

mir ein neues Angebot unterbreiten
Ich möchte Sie bitten, mir ein Angebot zu unterbreiten.

die Reiseroute verändern
Es wäre eine gute Idee, die Reiseroute zu verändern.

Kundenwünsche erfüllen
Ihren Mitarbeitern sollte es ein Bedürfnis sein, Kundenwünsche zu erfüllen.

meinen Antrag zeitnah bearbeiten
Ihre Mitarbeiter waren nicht in der Lage, meinen Antrag zeitnah zu bearbeiten.

ein Opfer von Mobbing sein
Es war eine bittere Erfahrung, ein Opfer von Mobbing zu sein.

AB 47 SATZBAU: sich beschweren (Infinitiv mit zu)

Ergänzen Sie den Satz mit einem *Infinitiv mit zu*.

neue Leute kennenlernen

Ich hatte mich darauf gefreut, neue Leute kennenzulernen.

in einem schmutzigen Zimmer wohnen

Es war unakzeptabel, in einem schmutzigen Zimmer zu wohnen.

die Tür reparieren

Leider war es dem Handwerker nicht möglich, die Tür zu reparieren.

das Gerät benutzen

Ich hatte Angst, das Gerät zu benutzen.

Leute in meinem Alter treffen

Es hätte mir Spaß gemacht, Leute in meinem Alter zu treffen.

teilnehmen an Ihrem Kurs

Ich hatte mich entschieden, an Ihrem Kurs teilzunehmen.

die Fahrprüfung nicht schaffen

Es war sehr ärgerlich, die Prüfung nicht zu schaffen.

in kurzer Zeit die Fahrschule absolvieren

Ich hatte den Wunsch, die Fahrschule in kurzer Zeit zu absolvieren.

Menschen aus anderen Ländern treffen

Ich habe erwartet, Menschen aus anderen Ländern zu treffen.

den Lehrer verstehen

Es war ein großes Problem, den Lehrer zu verstehen.

die Fahrschule in wenigen Wochen absolvieren

Ich hatte den Plan, die Fahrschule in wenigen Wochen zu absolvieren.

AB 48 SCHREIBEN: sich beschweren (Sätze ergänzen)

Ergänzen Sie die Sätze. Benutzen Sie das vorgegebene Thema.

Die Bremsen am Fahrrad funktionieren schlecht.

1. Es ist unakzeptabel, dass die Bremsen am Fahrrad schlecht funktionieren.
2. Während der Radtour funktionieren die Bremsen am Fahrrad schlecht.
3. Einerseits war das Licht am Fahrrad defekt, andererseits funktionieren die Bremsen am Fahrrad schlecht.
4. Es war gefährlich, mit dem Fahrrad zu fahren, weil die Bremsen am Fahrrad schlecht funktionieren.
5. Die Benutzung des Fahrrades war nicht ungefährlich, denn die Bremsen am Fahrrad funktionieren schlecht.
6. Das Fahrrad entsprach meinen Erwartungen, aber die Bremsen funktionieren schlecht.
7. Leider musste ich meine Radtour abrechen, da die Bremsen schlecht funktionieren.
8. Nachdem ich mit dem Fahrrad gefahren war, musste ich feststellen, dass die Bremsen schlecht funktionieren.
9. Obwohl das Fahrrad neu ist, funktionieren die Bremsen am Fahrrad schlecht.
10. Ich möchte Sie darüber informieren, dass die Bremsen am Fahrrad schlecht funktionieren.
11. Der Grund meiner Beschwerde ist das schlechte Funktionieren der Bremsen am Fahrrad.
12. Ich möchte darauf hinweisen, dass funktionierende Bremsen ein Fahrrad verkehrssicher machen, jedoch die Bremsen an diesem Fahrrad funktionieren schlecht.
13. Das Fahrrad ist hinsichtlich seiner Verkehrssicherheit nicht zu empfehlen, da die Bremsen schlecht funktionieren.
14. Die Funktionsfähigkeit der Fahrradbremse ist schlecht.

AB 49 SCHREIBEN: sich beschweren (Relativsätze)

Ergänzen Sie die Relativsätze, passend zum Thema „Beschwerde".

Leider schickten Sie einen Handwerker, dem Fachkompetenz fehlte.

Der Lehrgang, den Sie organisiert haben, entsprach leider nicht meinen Erwartungen.

Ich hatte oft Streit mit Ihrem Trainer, der das Krafttraining begleitete, da er die Teilnehmer nie motivierte.

Am Abend besuchte ich den Vortrag, dessen Inhalt mich sehr interessierte, aber leider war er eine Enttäuschung.

Wir trafen uns vor dem Hotel, in dem wir wohnten.

Ich schloss eine Versicherung ab, die mir im Schadensfall helfen sollte.

Während meiner Auslandsreise machte ich die Bekanntschaft mit Menschen, deren Lebensfreude mich beeindruckte.

Leider war Ihr Angebot, das Ihr Mitarbeiter mir unterbreitete, unakzeptabel.

Das Online-Angebot richtete sich an Teilnehmer, die online Deutsch lernen wollten.

Die Studie untersuchte die Qualität des Wassers, das die Stadtwerke ihren Bürgern zur Verfügung stellt.

Leider konnten wir keine Ausflugsorte besuchen, die außerhalb der Stadtgrenze lagen.

Während des Bewerbungstrainings bekamen wir Tipps, wie man eine professionelle Bewerbung schreibt.

Der Online-Sprachkurs begann mit einem Thema, das den Teilnehmern viel Spaß machte, aber dann wurde es kompliziert.

Der Fahrschullehrer, der den theoretischen Unterricht durchführte, war sehr schüchtern und sprach so leise, dass man ständig nachfragen musste.

Innerhalb der Gruppe gab es Spannungen und Konflikte, die während der Kursdauer auch nicht gelöst werden konnten.

Der Reiseveranstalter hat mich erst gestern über das Problem informiert, mit dem wir bei der Rückreise rechnen müssen.

AB 50 SCHREIBEN: sich beschweren (Sätze ergänzen)

Ergänzen Sie die Sätze zum Thema „Beschwerde".

Gegen Ihr Angebot sprach, dass die kulturellen Aktivitäten nicht meinen Interessen entsprachen.

Ich fand es unakzeptabel, in schmutzigen und dunklen Zimmern ohne Komfort wohnen zu müssen.

Ich hätte nicht erwartet, dass die Dozenten schlecht vorbereitet sind.

Sie sollten wissen, dass Ihre Mitarbeiter nicht fachgerecht gearbeitet haben und einen Schaden in der Wohnung verursachten.

Ich erwartete, nette Leute meines Alters kennenzulernen, aber leider besuchten nur Senioren diesen Kurs.

Aufgrund der Mängel während meines Aufenthaltes im Hotel muss ich mich beschweren.

Ihr Reiseleiter meinte, ich sollte mich um mein Problem selbst kümmern, dabei wäre das seine Aufgabe gewesen.

Wegen der schlechten Organisation des Kurses entschied ich mich, kurzfristig den Kurs abzubrechen.

Bezüglich Ihres Angebotes hatte ich noch Fragen, aber kein Mitarbeiter war breit, mir telefonisch einige Auskünfte zu erteilen.

Wegen der Unannehmlichkeiten während meines Aufenthaltes im Krankenhaus sehe ich mich außer Stande, Ihnen eine positive Bewertung zu geben.

Während der Veranstaltung wurde mehrfach gegen den Jugendschutz verstoßen.

Als ich im Hotel ankam, war das Hotel geschlossen.

Als ich Ihre Anzeige gelesen hatte, war ich begeistert und freute mich auf das Coaching.

Nach der Lektüre Ihrer Anzeige war mein Interesse an der Teilnahme des Kurses sehr groß, aber das änderte sich sofort, als ich den Dozenten kennengelernt habe.

Ich freute mich auf interessante Diskussionen in unserem Team, aber der Dozent würgte jeden Gedankenaustausch ab.

Ich konnte nicht an dem Ausflug teilnehmen, weil der unfreundliche Busfahrer nicht wartete, als ich meinen Schlüssel suchte.

Die App hat nicht funktioniert, obwohl ich sie nach Ihrer Anleitung installiert habe.

Frauke Rüffel

Sprachbausteine Deutsch B2

Allgemeinsprachliche Lückentexte

Deutsch als Fremdsprache

Sprachbausteine Deutsch B2 ist ein Arbeitsheft für Lernende, die sich bereits auf dem Weg zum Erwerb des Sprachniveaus B2 (GER) befinden. Anhand allgemeinsprachlicher Lückentexte können nicht nur wichtige Sprachbausteine getestet und geübt, sondern auch der deutsche Wortschatz gefestigt und erweitert werden. Das Arbeitsheft beinhaltet einen Lösungsteil mit Hinweisen. Sprachbausteine sind ein wichtiger Bestandteil allgemeinsprachlicher und berufsbezogener B2-Prüfungen.

ISBN: 978-3-750418-22-6